Nathalie Weidenfeld
Warum schwedische Eltern gute Laune haben
und äthiopische Kinder hilfsbereit sind

**PIPER**

## Zu diesem Buch

Sie waren im Büro, haben eingekauft, die Tochter zum Gitarrenunterricht gefahren, gekocht und Vokabeln abgefragt, aber Ihre Kinder starren aufs Handy, behaupten, dass sie Hühnchen hassen, und weigern sich, mit dem Hund Gassi zu gehen? Sie fragen sich, was Sie falsch machen, wo sich doch französische Kinder sogar im Restaurant benehmen und chinesische Kinder brav zwei Stunden täglich Klavier üben?
Nathalie Weidenfeld wollte wissen, was deutsche Eltern von anderen Kulturen lernen können, und hat 99 Erziehungstipps aus 33 Ländern gesammelt, vom japanischen Geheimnis ausgeschlafener Kinder bis zum buddhistischen Umgang mit muffigen Teenagern. Alle für gut befunden von erfahrenen Müttern – und aufgeschrieben, um Ihr Leben besser und ein wenig entspannter zu machen.

*Nathalie Weidenfeld* studierte amerikanische Kulturwissenschaft und promovierte an der FU Berlin. Sie verfasst Romane und Sachbücher und arbeitete als Lektorin und Filmwissenschaftlerin. Mit ihren drei Kindern im Alter von 5, 12 und 15 Jahren sowie ihrem Mann, einem Hund und zwei Katzen lebt sie in München.

Nathalie Weidenfeld

# Warum schwedische Eltern **gute Laune** haben und äthiopische Kinder **hilfsbereit** sind

Die 99 besten Erziehungstipps
aus aller Welt

**PIPER**

*Mehr über unsere Autoren und Bücher:*
*www.piper.de*

**MIX**
Papier aus verantwor-
tungsvollen Quellen
**FSC® C083411**

Originalausgabe
ISBN 978-3-492-23730-7
1. Auflage August 2019
2. Auflage Oktober 2019
© Piper Verlag GmbH, München 2019
Umschlaggestaltung: FAVORITBUERO, München
Umschlagabbildung: Becsteroony/Getty Images (Erdkreis mit Tieren);
Shutterstock.com (Kinder)
Satz: Fotosatz Amann GmbH & Ko. KG, Memmingen
Gesetzt aus der Adobe Jenson Pro
Druck und Bindung: CPI books GmbH, Leck
Printed in the EU

*Jedes Kind ist anders. Jede Frau ist anders. Und jede Situation auch. So muss man bei verschiedenen Kindern zu verschiedenen Zeiten immer etwas anderes anwenden. Jede Frau hat ihre eigene Methode.*

Najiba aus Afghanistan

# Inhalt

## Vorwort

Sie kommen nach Hause. Es war ein langer Tag. Sie haben eingekauft, die Tochter zum Kieferorthopäden und den Sohn zum Fußballtraining gefahren, die Englischvokabeln abgefragt und zusätzlich zum biodynamischen Salat und der Öko-Hähnchenbrust auch noch Tiefkühl-Pommes gemacht, obwohl dies gegen all Ihre ernährungstechnischen Überzeugungen verstößt – aber was soll man tun, wenn sich das jüngste Kind zurzeit weigert, irgendetwas anderes als Fast Food zu essen? Ach so, und im Büro waren Sie heute Morgen auch noch. Vielleicht haben Sie aber auch auf halbtags umgestellt oder für eine Zeit lang ganz aufgehört, in Ihrem Beruf zu arbeiten (nicht, dass Sie das Gefühl hätten, jetzt weniger zu tun zu haben). Am liebsten würden Sie sich einfach auf die Couch legen und sich ein bisschen ausruhen, aber das geht nicht, weil jetzt Zeit fürs Abendessen ist. Also rufen Sie nach den Kindern. Aber keiner kommt. Nachdem Sie zum hundertsten Mal geschrien haben, es gäbe jetzt Essen und dass alle auf der Stelle herkommen sollen, schleppt sich schließlich Ihre pubertierende Tochter an den Tisch. Missmutig lässt sie sich in ihren Stuhl fallen, schaut kurz auf ihren Teller und nimmt ihr Handy zur Hand. Dann erscheint die jüngste Tochter. Es dauert keine zwei Minuten, da fängt sie an zu weinen: Die Pommes seien nicht knusprig genug! Als dann Ihr Sohn in der Küche einen Tobsuchtsanfall bekommt, weil er weder Bio-Huhn noch Tiefkühl-Pommes essen, sondern stattdessen *Thomas, die kleine Lokomotive* sehen will, ist das Chaos perfekt.

Spätestens jetzt fragen Sie sich:

WAS UM HIMMELS WILLEN HABE ICH NUR FALSCH GEMACHT?

Sie beginnen zu träumen. Von einem Abendessen, bei dem sich die gesamte Familie gleichzeitig an einem schön gedeckten Tisch eingefunden hat. Die Kinder sitzen ordentlich auf den Stühlen und fragen höflich nach, ob sie noch etwas vom Brokkoli haben können. Sie wischen sich den Mund mit Servietten ab, erzählen gut gelaunt von ihren heutigen Erlebnissen und bedanken sich am Ende für das gelungene Essen. Ach, ja ... denken Sie seufzend, so müsste es sein.

In Situationen wie diesen denke ich automatisch an meine Freundinnen, also die, die auch Kinder haben. Wetten, dass die solche Probleme nicht haben und das mit der Erziehung hundertmal besser machen als ich? Aber wenn ich diese Freundinnen vor meinem geistigen Auge vorbeiziehen lasse, muss ich ernüchtert feststellen, dass es bei ihnen auch nicht viel besser läuft. Hatte Julia nicht vor Kurzem gejammert, ihre Tochter würde, seitdem sie in der Pubertät ist, kaum noch mit ihr sprechen? Und hatte Franziska nicht erzählt, dass ihr Sohn seit Wochen sein Zimmer nicht mehr aufräumen und beim Abendessen nur noch auf sein Handy starren würde? Die Freundinnen sind also auch kein Vorbild. Aber kann man in Deutschland überhaupt irgendwo ein Vorbild finden? Sind deutsche Mütter und Väter nicht alle etwas ratlos, was die Erziehung betrifft? Immerhin hat Deutschland seit seiner radikalen Wende in den 60er-Jahren von der autoritären hin zur antiautoritären Erziehung für eine bis heute andauernde Unsicherheit in puncto Erziehung gesorgt. Insbesondere bei der Frage, wie denn jetzt nun die richtige Mischung aus Strenge und Laissez-faire aussehen soll. Aber was ist mit Müttern aus anderen Ländern? Bestimmt wissen die, wie es geht.

In Frankreich zum Beispiel. Da sollen die Kinder in Restaurants doch so wunderbar aufrecht sitzen und sich perfekt benehmen. Und in Japan. Da schreien sich die Mütter bestimmt auch nicht die Kehle aus dem Hals, wenn es Sushi zum Abendessen gibt. Da sitzen die Kinder bestimmt brav und gehorsam da – nachdem sie natürlich erst drei Stunden lang Klavier, dann Geige geübt und anschließend ihre Hausaufgaben ohne Murren erledigt haben. Oder war das China? Egal. Und was ist mit Schweden? Strahlen da nicht alle pausbäckigen, blonden und blauäugigen Kinder den ganzen Tag gesund vor sich hin? Kein Wunder, wer sich den ganzen Tag draußen aufhält und mit Pippi Langstrumpf spielt, muss am Abend glücklich und ausgeglichen sein. Ach ja ... Schwedin müsste man sein ...

Bin ich aber nicht.

Andererseits verbietet mir ja niemand, mir ein bisschen Schweden ins Haus zu holen. Was also, wenn ich mich jenseits der Klischees und Stereotype darüber informieren würde, wie die Mütter in anderen Ländern das so machen?

Dies war der Moment, in dem die Idee zu diesem Buch geboren wurde. Ich würde mit Müttern aus aller Welt sprechen und sie nach ihren Erziehungstipps fragen. Ich wollte herausfinden, was diesen Müttern besonders gut gelingt, um aus ihren Erfahrungen und ihrer Sichtweise zu lernen.

Ich trommelte also sämtliche ausländische Bekannte zusammen und bat all meine Freundinnen, mich an ausländische Mütter zu vermitteln, die sie aus dem Kindergarten oder der Schule kannten.

Erstaunlicherweise kam ich rasch an viele wunderbare Frauen, die noch dazu alle willens waren, sich mit mir über das Thema Kindererziehung zu unterhalten. Ich traf sie bei sich zu Hause, in Cafés, manchmal auch bei mir, je nachdem, was für sie am einfachsten war. Ich fragte sie nach ihrer eigenen Kindheit und danach, was sie von ihren Müttern übernommen haben, wie sie mit Konflikten umgehen und was sie in ihrer Zeit als Mutter gelernt haben.

Und?, wollen Sie jetzt bestimmt wissen. Machen es denn ausländische Mütter wirklich besser? Nun, ich würde sagen: Sie machen es nicht besser, sondern anders. Das Fazit lautet: Keine Mutter ist perfekt. Und jede Kultur hat ihre eigenen Sonnen- und Schattenseiten. Das Buch enthält daher nicht das eine perfekte Rezept, das auf alle Kinder jederzeit übertragbar ist, stattdessen gibt es viele wunderbare Tipps, die ganz individuell angewandt werden können.

Warum ich nur Frauen interviewt habe? Ganz einfach: Weil es vor allem Frauen waren, denen ich bei meiner Suche nach Interviewpartnern begegnet bin. Es waren Frauen, die ich beim Abholen meines eigenen Sohnes aus dem Kindergarten getroffen habe, und es waren Frauen, die mir andere Frauen empfohlen haben. Ich habe nicht versucht, mit aller Macht Väter als Interviewpartner zu bekommen – was mich aber ehrlicherweise auch deshalb nicht weiter gestört hat, weil ich als Mutter vor allem an der Erfahrung anderer Mütter interessiert bin. Nur zweimal kommen Väter trotzdem vor: Einmal war das Herr Singh, der kam, weil seine Frau verhindert war, mir aber sogleich versicherte, gleichermaßen für die Kinder zu sorgen und gleichermaßen über Erziehung zu denken wie seine Frau. Und einmal war das Daniel, der Lebensgefährte von Csilla, der als ihr Partner und Übersetzer mitgekommen war. Mit den anderen habe ich meist auf Deutsch oder Englisch kommuniziert. Wichtig war mir, dass meine Interviewpartnerinnen zwar in Deutschland leben, aber in anderen Ländern geboren und aufgewachsen sind. Manche waren erst seit kurzer Zeit hier, manche schon seit Längerem. Doch bei jeder meiner Gesprächspartnerinnen war der kulturelle Hintergrund ihrer Herkunft spürbar. Manchmal als eine Art Bürde, von der sie sich befreien wollten, oft aber auch als etwas, das sie wertschätzen und vermissen. Aus diesem Kaleidoskop vieler verschiedener Kulturen ergibt sich ein Bild universeller Mutterschaft. Denn wie mir eine Mutter einmal sagte: »Wir alle wollen das Gleiche, wir wollen glückliche, erfolgreiche, liebe Kinder – nur wie wir das erreichen wollen, ist unterschiedlich.«

In den Monaten, in denen ich diese Gespräche führte, wurde ich mit vielen berührenden und inspirierenden Begegnungen beschenkt. Die Geschichten, die mir die Frauen erzählten, haben mich um viele Erfahrungen reicher gemacht. Ich habe viel in den Gesprächen gelernt und viel für mein eigenes Leben mitgenommen. Manche Tricks habe ich gleich anwenden können, manche werde ich mir für spätere Situationen merken. Ich möchte mich an dieser Stelle bei allen Frauen bedanken, die mir ihre Zeit geschenkt und ihren Erfahrungsschatz mit mir geteilt haben. Ihre Stimmen sind das Herzstück dieses Buches.

Vielleicht geht es Ihnen bei Ratgeberbüchern so ähnlich wie mir: Es gibt in ihnen manchmal diesen einen besonderen Satz. Der Satz, der einem im Kopf bleibt und einem ans Herz geht, weil er etwas in einem aufwühlt, weil er genau das ist, was man in diesem Augenblick gebraucht hat. Manche Bücher werde ich für immer nur wegen dieses einen Satzes lieben.

Mögen auch Sie hier in diesem Buch diesen einen magischen Satz für sich finden.

# 1 Astrid aus Schweden, oder: Erziehung zur Selbstständigkeit

Astrid ist meine erste Interviewpartnerin. Wir haben uns in einem kleinen Café in der Nähe ihrer Firma verabredet, in der sie manchmal ihre Mittagspause macht. Ich bin als Erste da und bestelle einen Tee. In diesem Moment fällt mir ein, dass ich ja gar nicht weiß, wie sie aussieht. Plötzlich sehe ich eine blonde Frau in Jeans und einer Sportjacke draußen vor der Tür stehen. Da sofort die klischeehafte Vorstellung bei mir aufkommt, dass Schweden meistens blond sind, spreche ich sie an.

»Astrid?«

»Ja, die bin ich«, sagt Astrid.

Als ich ihr erzähle, dass ich automatisch nach einer blonden Frau gesucht habe, muss sie lachen. Nicht alle Schweden seien blond, wie man immer meint, sagt sie. Ich solle nur mal an die schwedische Königsfamilie denken, da seien fast alle dunkelhaarig.

Wir setzen uns an einen kleinen Tisch. Astrid ist eine dynamische junge Frau, mit einem Vollzeitjob als IT-Expertin. Sie hat zwei Söhne, die elf und vierzehn Jahre alt sind. Ihr Mann arbeitet ebenso Vollzeit. Sie wohnt mit ihrer Familie am Stadtrand von München. Jeden Morgen muss sie in die Stadt pendeln. Doch das macht ihr nichts aus. Astrid lebt gerne ein wenig außerhalb, wo die Kinder viele ihrer Aktivitäten mit dem Fahrrad erreichen können und das Leben insgesamt nicht ganz so schnell und stressig ist. Sie und ihr Mann waren sich von Anfang an darüber einig, dass sie auf dem Land leben wollten, um ihre Kinder dort gemeinsam großzuziehen.

»Wir führen eine sehr schwedische Ehe«, sagt Astrid. »Was bedeutet, dass wir uns die Arbeit mit dem Haushalt und den Kindern teilen. Anders«, lacht sie, »wäre es wohl auch nicht gegangen.«

In der Tat rangieren schwedische Männer im europäischen Vergleich auf Platz eins der Liste des Engagements im Haushalt und in der Kindererziehung. Ob ich wüsste, dass Männer, die sich aktiv an der Haushaltsarbeit beteiligen, eine höhere Lebenserwartung haben? Nein, das wusste ich nicht. Was sich wie ein Witz anhört, ist aber keiner. Aus einer Studie des Leibniz-Instituts für Präventionsforschung in Bremen aus dem Jahre 2018 geht nämlich in der Tat hervor, dass Männer, die sich Hausarbeit leisten, gesünder sind und länger leben als Haushaltsmuffel.

Ich frage Astrid, worauf sie bei ihrer Erziehung am meisten Wert legt. Sie muss nicht lange nachdenken: »Ich denke, das Wichtigste ist es, die Kinder dazu zu erziehen, selbstständig zu sein.«

Ich bitte sie, mir ein Beispiel zu geben.

»Sie können zum Beispiel selbst Frühstück vorbereiten. Oder ihre Zimmer selbst sauber machen. Ich denke, diese Dinge sind wichtig.«

»Ihre Kinder machen selbst ihre Zimmer sauber?«, frage ich nach.

»Ja«, lacht Astrid. »Sogar mit dem Staubsauger!«

»Auch die Betten?«, hake ich ungläubig nach.

»Ja, auch die Betten.«

Großartig, denke ich. »Wahrscheinlich muss ich nicht fragen, ob sie auch den Tisch decken, oder?«

»Klar decken sie den Tisch«, lautet Astrids Antwort. »Und räumen hinterher sogar die Spülmaschine ein.«

Ich gebe zu, spätestens jetzt bin ich neidisch. »Wie haben Sie das geschafft?«, will ich wissen.

Astrid denkt kurz nach. »Wahrscheinlich, weil ich mich einfach geweigert habe, diese Rolle zu übernehmen. Ich sehe mich einfach nicht in der Rolle der Putzfrau.«

Klingt einleuchtend. Ich sehe mich eigentlich auch nicht in dieser Rolle. Und trotzdem bin ich es, die zu Hause das meiste erledigt. Ich frage Astrid nach ihrem Trick, nicht ohne Hoffnung, gleich einen Zauberspruch oder etwas in der Art verraten zu bekommen, womit man Kinder in kooperative Haushaltshelfer verwandeln kann. Aber Astrid hat keinen Spruch für mich.

»Ich weiß nicht«, sagt sie. »Ich mache es jedenfalls einfach nicht. Dann sehen sie schon, dass sie es selbst machen müssen. Und wenn sie ihr Zimmer nicht aufräumen, dann bleibt es eben im Chaos.«

In Schweden, erzählt mir Astrid, wird schon in den Grundschulen von den Kindern verlangt, dass sie zu Hause das Frühstück für die gesamte Familie vorbereiten und anschließend darüber schreiben. Dass Hausarbeit Frauenarbeit ist, denkt in Schweden niemand.

»Ich bin berufstätig. Da müssen sich meine Kinder nun mal selbst organisieren. Das klappt sehr gut. Mein ältester Sohn macht zum Beispiel all seine Kiefernorthopädietermine selbst aus. Und der Jüngere geht allein zu seinem Handballtraining.«

Ich seufze wieder und denke heimlich an meinen persönlichen Fahrdienst. Am Dienstag zum Taekwondo, am Montag und Mittwoch in die Ballschule für den Kleinen und am Donnerstag zum Ballett. Wenn meine Mutter nicht einen Teil der Fahrdienste übernehmen würde, würde ich wohl zusammenbrechen. Liegt es vielleicht daran, dass Astrid nur Glück gehabt hat mit ihrer Auswahl an Sportarten?

»Nein«, sagt sie. »Das liegt daran, dass ich für die Kinder das ausgesucht habe, was in der Nähe ist. Was vom Weg für sie nicht machbar ist, geht eben nicht.«

Sehr pragmatisch. Ich denke an mich selbst. Muss ich denn wirklich meine Tochter zum entfernten Handballtraining fahren? Hätte es nicht einen anderen Sport gegeben, der hier in der Nähe angeboten wird und zu dem sie alleine mit dem Fahrrad fahren könnte?

In Schweden würde sich das Problem sowieso nicht stellen, da der Staat dafür sorgt, dass an den Schulen immer genügend Sportarten angeboten werden. Gesundes Essen und Sport stehen an schwedischen Schulen ganz oben. Da gehen auch die Lehrer mit den Kindern mal zum Büfett und sorgen dafür, dass sie sich aus dem reichhaltigen Salat- und Gemüsebüfett genügend Vitaminreiches holen.

Überhaupt unterstützt der Staat Mütter und Familien enorm. Man erwartet nicht von den Eltern, dass sie alles in der Erziehung selbst übernehmen. Die Schulen und Kindergärten haben bis spätnachmittags oder bis zum frühen Abend auf, die Mütter können flexibel in ihren Buchungszeiten sein.

»Die Mütter wissen, dass sie eine super Betreuung in den Kitas und Schulen haben. Niemand macht ihnen ein schlechtes Gewissen, wenn sie selbst auch ihr Leben leben«, sagt Astrid.

Ich frage Astrid, wie es bei ihnen zu Hause mit dem Handykonsum aussieht. Ein Thema, das mich als Mutter einer pubertierenden Tochter besonders umtreibt. Astrid zögert keine Sekunde.

»Wir sind in Schweden nicht so panisch mit digitalen Medien. Wir setzen Computer schon im Kindergarten ein, und Kinder lernen früh selbst programmieren. Ich persönlich habe zu Hause kein Problem mit dem Handy. Der Ältere ist selbst so vernünftig, dass er weiß, dass man nicht andauernd mit dem Handy rummachen sollte. Und beim Jüngeren ist es so, dass er einfach so viel Sport macht, dass er gar keine Zeit fürs Handy hat.«

Ich nicke. Was für eine gute Idee, Handykonsum mit Sport zu bekämpfen!

Ich frage Astrid, wie ihre konkreten Erziehungsmethoden aussehen. Gibt es Belohnungen? Strafen? Astrid sieht mich an.

»Nein, Strafen gibt es nicht«, sagt sie. »Ich setze ganz auf Vertrauen. Wenn ich sehe, dass etwas nicht funktioniert, reden wir darüber.«

»Ist das typisch schwedisch?«, frage ich.

Astrid denkt kurz nach. »Ja, das mag sein. Wir Schweden vertrauen unseren Kindern. Dass sie sich schon richtig entwickeln werden und dass sie schon alles schaffen werden. Mein Motto lautet einfach: ›Keine Panik, alles wird sich schon lösen.‹«

In der Tat scheint Astrid so etwas wie die fleischgewordene Erziehungsphilosophie des dänischen Psychologen Jesper Juul[1] zu sein. Dieser rät Eltern, darauf zu vertrauen, dass ihr Kind die meisten Dinge in seinem Leben schon selbst und richtig entscheiden und tun wird. Er wendet sich gegen das veraltete und in seinen Augen falsche Konzept eines Familiensystems, in dem es um Macht und nicht um Kooperation geht.

Wenn eines wichtig sei, so schreibt Juul, dann sei es die gute

Atmosphäre, die zwischen den Familienmitgliedern herrsche. Noch wichtiger als eine (demokratische) Auseinandersetzung sei, so Juul, dass alle sich an die demokratischen Spielregeln halten würden.

Nicht alle Schweden aber glauben an dieses partnerschaftliche Erziehungsmodell. So ist der schwedische Psychiater David Eberhard[2] davon überzeugt, das schwedische (partnerschaftliche) Erziehungsmodell sei zum Scheitern verurteilt, und zwar deshalb, weil es dazu führe, aus Kindern »Rotzlöffel« zu machen, die zu wenig Respekt vor Erwachsenen hätten. Was Eberhard ebenso kritisiert, ist, dass sich in Schweden der Staat vehement in erzieherische Belange einmischt. Wie etwa dann, wenn er Kinder ermutige, Eltern wegen Missbrauchs und Gewalt anzuzeigen. So sinnvoll das natürlich in jenen Fällen ist, in denen es tatsächlich Missbrauch gibt – das Ganze hat auch eine große Schattenseite, und das ist das Misstrauen, das damit zwischen Kindern und Eltern gesät wird. So haben sich etwa Anzeigen von Kindern gegen Eltern seit dem Jahr 2000 dramatisch erhöht – und das, obwohl Experten davon ausgehen, dass sich die Gewalt gegen Kinder de facto *nicht* erhöht hat, was bedeutet, dass viele Anzeigen ungerechtfertigt sind. Dass der Staat Gefahr läuft, einen Keil zwischen Kinder und Eltern zu treiben, ist für Eberhard eine desaströse Entwicklung.

Wie sehr körperliche Gewalt in Schweden im Vergleich zu anderen Ländern zu einem Tabu geworden ist, kann man gut anhand des Falls eines italienischen Vaters sehen, der vor einigen Jahren in Schweden für viel Aufsehen gesorgt hat. Dort hatte er mit seinem Kind über die Straße gehen wollen. Als das Kind loslief, ohne nach rechts oder links zu sehen, riss es der Vater an der Schulter zurück und gab ihm einen Klaps. Der Mann kam vor ein schwedisches Gericht, musste Bußgeld zahlen und wanderte ins Gefängnis. Während dieser gar nicht wusste, wie ihm geschah, erregte sich ganz Schweden über den Vorfall und war fassungslos darüber, dass dem Mann jedes Unrechtsbewusstsein fehlte.

»Wenn mir die Hand ausrutschen würde, wäre das das Schlimmste für mich«, sagt Astrid. »Ich würde es mir nicht verzeihen.«

»Worin, glaubst du«, frage ich, »liegt der größte Unterschied zwischen deutscher und schwedischer Erziehung?«

Astrid überlegt kurz. »Deutsche Familien sind stärker auf die Mutter fokussiert. Sie ist das Zentrum der Familie. Jedenfalls der meisten, die ich hier kennengelernt habe. Sie ist die erste Anlaufstelle. Sie entscheidet über die wichtigen Dinge der Familie, was einen enormen Stress für sie bedeutet. Möglicherweise liegt das auch daran, dass in Schweden die Frauen viel häufiger berufstätig sind. Da kann eine Mutter gar nicht so viel übernehmen, wie das hier in Deutschland geschieht.

Über das – zumindest aus feministischer Sicht – vorbildliche Geschlechterverhältnis in Schweden ist viel geschrieben worden. Die Frauenerwerbsquote ist in Schweden höher als in jedem anderen europäischen Land, und dass Männer sich freinehmen, um auf den Nachwuchs aufzupassen, ist in Schweden weitaus normaler als hierzulande. Um die Gleichberechtigung der Geschlechter zu gewährleisten, greift Schweden schon bei Kindergartenkindern ein. 2015 wurde das geschlechtsneutrale Wort »hen« offiziell als Pronomen eingeführt. Jungen wie Mädchen werden dabei nicht als »er« oder »sie« bezeichnet, sondern eben als »hen«, als geschlechterneutrale Person also. Die Idee dahinter ist, dass man den Kindern damit genügend Freiraum gibt, sich jenseits von geschlechterspezifischen Erwartungen zu entfalten und Respekt vor dem jeweils anderen Geschlecht zu haben. Denn Kinder sollen nicht nur selbst entscheiden, ob sie mit Puppen oder Traktoren spielen wollen, sie sollen auch lernen, dass Puppen und Traktoren gleichwertig sind. Vorreiter war der Kindergarten »Egalia«, der 2010 in Stockholm aufmachte. Konsequent setzt dieser die Idee einer geschlechtsneutralen Erziehung um, bietet den Kindern sowohl männliche als auch weibliche Puppen an sowie Puppen verschiedener Hautfarbe. Märchen werden gründlich im Hinblick auf ihre Aussagen zu stereotypen Geschlechteridentitäten untersucht und beim Vorlesen notfalls weggelassen. Mädchen werden ermutigt, wilder zu sein, und Jungs emotional expressiver.

Auch wenn viele Eltern in Stockholm von dem Konzept begeistert sind und die Warteliste für »Egalia« sehr lang ist, gibt es auch kritische Stimmen in Schweden. So kritisierte die Soziologin Elise Claeson, dass die Einführung eines dritten Geschlechts verwirrend auf die Entwicklung der Geschlechtsidentität wirke. Auch der deutsche Entwicklungspsychologe Peter Zimmermann fragt, ob durch die Entfernung einer vermeintlich sexistischen Sprache nicht eine andere Ideologie etabliert würde. Eine, die sich allzu stark auf Geschlechterunterschiede fokussiert und damit erst ein Problembewusstsein für etwas schafft, das eigentlich gar kein Problem ist.

Irritierend in diesem Zusammenhang ist die Tatsache, dass im alten Rom Sklaven ebenso mit einem geschlechtsneutralen Wort bezeichnet wurden, nämlich als »mancipium«. Die Tatsache, dass einem Individuum seine Geschlechtsidentität aberkannt wird, kann also auch einen entwürdigenden Effekt haben.

Ich frage Astrid, ob sie ein Erziehungsbuch empfehlen kann oder ob es einen Pädagogen gibt, dessen Philosophie sie schätzt. 23

»Ich hole mir selten Anregung aus Büchern. Nur als mein Sohn in die Pubertät kam, dachte ich, vielleicht sollte ich mal etwas lesen, um besser vorbereitet zu sein. Das Buch heißt *Pubertät: Wenn Erziehen nicht mehr geht: Gelassen durch stürmische Zeiten*, und es ist von Jesper Juul[3]. Ehrlich gesagt bin nie dazu gekommen, es ganz durchzulesen. Aber von ihm stammt die Idee, dass Erziehung realistisch gesehen mit zwölf beendet ist. Ab da, sagt er, kann und muss man sich nur noch um eines kümmern, und das ist eine gute Beziehung zu den Kindern. Ich denke, das ist ein wirklich guter Ratschlag, und genauso empfinde ich es auch.«

Zum Schluss frage ich Astrid, was sie ihren Söhnen, wenn sie eines Tages Eltern werden sollten, mit auf den Weg geben würde. Astrid hält kurz inne.

»Habt nicht so viel Angst und macht euch nicht so viele Sorgen. Ich weiß, das ist leichter gesagt als getan. Man ist ja mittendrin in dem ganzen Trubel, die Arbeit, das Haus, die Kinder und so weiter … trotzdem ist es wahr: Man macht sich immer zu viele Gedanken. Dass man alles richtig macht, dass man keine Fehler macht. Und doch regelt sich so vieles einfach von selbst!«

Als wir uns verabschieden, regnet es draußen. Astrid hat keinen Schirm dabei, aber sie sagt, das mache ihr nichts aus, obwohl sie noch ein ganzes Stückchen zu laufen hat. Ich sehe ihr nach, wie sie gut gelaunt durch den Regen über die Straße läuft. Hier ist eine Frau, denke ich, die keine Angst hat, nass zu werden. Eine Frau, die dem Leben genauso vertraut wie ihren Söhnen, von denen sie erwartet, dass sie schon alles richtig machen werden. Wie schön!

## Astrids Erziehungstipps

1. Vertraue deinem Kind und ermutige es, sein Leben selbst zu organisieren und Verantwortung für euer gemeinsames Leben zu übernehmen.

2. Achte bei der Auswahl der Hobbys der Kinder darauf, dass die ausgewählten Aktivitäten für die Kinder leicht erreichbar sind – am besten von ihnen selbst!

3. Hab nicht so viel Angst und mach dir nicht zu große Sorgen. Denk daran: Die meisten Probleme regeln sich von selbst.

## 2  Kaiwen aus China, oder:
##      Bändigung der inneren Tigermutter

Eine knappe Woche später fahre ich zu Kaiwen. Die gebürtige Chinesin wohnt in einem ruhigen und gepflegten bayrischen Vorort. Auch Kaiwens Haus ist auffällig gepflegt. Wir setzen uns an einen großen Holztisch im Wohnzimmer. Kaiwen ist in Peking aufgewachsen, mit zwanzig kam sie zum Studium nach Deutschland. Danach hat sie hier Fuß gefasst. Nach fünf Jahren in einem Sechzigstundenjob in einer renommierten Wirtschaftsprüfergesellschaft hat sie jetzt »nur noch« eine Dreißigstundenstelle bei einer Versicherungsfirma. Kaiwen hat zwei Söhne, einen im Alter von elf und einen kleinen Jungen im Alter von zwei Jahren.

»Während meines Studiums wurde ich schwanger. Wenn meine Mutter mir in der ersten Zeit mit dem Baby nicht geholfen hätte, hätte ich das wohl alles nicht geschafft«, sagt sie. Und damit sind wir auch schon mittendrin im Thema.

»Großmütter helfen in China viel mit. Ich glaube, das liegt daran, dass die Mütter in China nur vier Monate Mutterschutz bekommen. Danach müssen sie wieder Vollzeit arbeiten. Teilzeit gibt es in China nicht. Ohne Großmütter würde es einfach nicht funktionieren. Natürlich war es früher auch einfacher, als man noch häufiger in Großfamilien zusammenlebte. Heute hat sich das geändert.

»Als ich meinen Sohn bekam, haben meine Eltern mich bis zur Selbstaufgabe unterstützt. Da man als chinesischer Staatsbürger nur ein dreimonatiges Visum bekommt, haben sich mein Vater und meine Mutter sogar eine Zeit lang abgewechselt, um mir zu helfen. Irgendwann habe ich aber ein schlechtes Gewissen bekommen, und wir haben eine andere Lösung gefunden.«

»Woran liegt es, dass Großeltern in China so aufopfernd sind?«, frage ich.

»Kinder sind in China wie Hoffnungsträger, was durch die Ein-Kind-Politik natürlich noch verstärkt wurde. Kinder stehen im Zentrum. Sie sind das Ein und Alles der Erwachsenen.«

An diese Hoffnung sind aber auch große Erwartungen geknüpft. Vor allem die, es auf die Universität zu schaffen – das sei das große Ziel, fügt Kaiwen hinzu. »Am besten eine Uni im Ausland. In Deutschland zum Beispiel.«

Kaiwen ist dafür quasi ein Paradebeispiel. Mit exzellenten Noten und einem erfolgreich abgeschlossenen Studium in Deutschland muss sie ihre Eltern sehr stolz gemacht haben.

»Haben deine Eltern dich gelobt oder belohnt?«, frage ich.

»Nein. Meine Eltern haben einfach zu mir gesagt: ›Wir sind immer davon ausgegangen, dass du es schaffst.‹ Was irgendwie ein Lob war und mich gefreut hat.«

Kaiwen lacht und fügt dann hinzu: »In anderen Familien ist es aber anders. Dort schenken Eltern ihren Kindern, die es auf die Universität schaffen, Geld.«

In China ist der Einfluss des Philosophen Konfuzius aus dem 5. Jahrhundert vor Christus immer noch maßgeblich. Der konfuzianischen Lehre zufolge steht nicht das Überirdische, sondern das Irdische im Mittelpunkt des Lebens. Immer wieder betonte er, wie wichtig das eigene Handeln sei und das, was man aus eigener Kraft erreichen kann. Von ihm stammt der Satz: Wer besser lernt, kann besser aufsteigen. In der Tat existiert in China eine lange Tradition, die Staatselite (vor allem Beamte) aus der akademischen Elite zu rekrutieren. Kein Wunder also, dass der Wunsch fast aller chinesischen Eltern nach dem schulischen Erfolg ihrer Kinder so dominant ist.

Kaiwens Sohn stürmt mit einem Freund ins Wohnzimmer. Ein freundlicher, aufgeweckter Junge. Er sagt kurz »Hallo«, dann rennt er nach draußen.

»Ich glaube nicht daran, dass Kinder für Leistung in der Schule oder auch sonst wo, wie zum Beispiel im Haushalt, belohnt werden sollten. Sie sollten es für die Leistung an sich tun. Außerdem: Was ist, wenn sie für eine andere Leistung mehr Geld bekommen? Dann lohnt sich ja die Arbeit in der Schule oder im Haushalt nicht mehr für sie. Und außerdem nehme ich ja auch kein Geld fürs Kochen oder Putzen.«

Ich muss lachen, stelle mir vor, wie ich nach jedem Abendessen einen Beutel rumgehen oder besser noch eine Rechnung auf dem Tisch liegen lasse.

»Vor allem«, sagt Kaiwen, »versuche ich meinen Kindern, insbesondere dem Großen, zu vermitteln, dass sie alles, was sie für die Schule machen, nicht für mich, sondern für sich selbst machen. Bei mir war das anders. Ich hatte immer das Gefühl, ich mache es nur für die Eltern. Sogar als ich in der Uni war, war das noch so.«

Kaiwen versucht mir klarzumachen, welchem Druck Kinder in China ausgesetzt sind, was oft schon im Kindergarten beginnt. Um in einen besonders guten Kindergarten aufgenommen zu werden, so erzählt mir Kaiwen, müssen die Eltern ein Vorstellungsgespräch führen. Bei diesem Gespräch versuchen sie sich selbst und die gesamte Familie in einem besonders guten Licht dastehen zu lassen. Sie rühmen die Begabungen ihres Kindes und versuchen sich um jeden Preis mit der Leitung und den Angestellten des Kindergartens gut zu stellen. Auf eine einzige Erzieherin im Kindergarten kommen mindestens 25 Kinder in China. Da die Eltern wollen, dass das eigene Kind eine besondere Aufmerksamkeit von der Erzieherin erfährt, machen sie gerne Geschenke an Erzieherinnen, erzählt mir Kaiwen. Da das Erziehungssystem nicht in staatlicher Hand liegt, ist hier fast alles erlaubt. Besonders die Besuche, die die Erzieherinnen den Eltern der Kinder zu Beginn abstatten, werden dazu benutzt, diese reichlich zu beschenken.

»Chinesische Eltern wollen einfach alle ihnen zur Verfügung stehenden Mittel einsetzen, um ihren Kindern die bestmögliche Ausbildung zu ermöglichen«, erklärt Kaiwen. »Und die – davon sind viele überzeugt – beginnt nun mal schon im Kindergarten. Dass die eigenen Kinder später Spitzenleistungen in der Schule und im Studium erbringen, ist für viele chinesische Eltern das zentrale Lebensziel.«

Auch für Kaiwens eigene Eltern war es so, die seit ihrem zehnten Lebensjahr jeden Yuan zur Seite gelegt haben, um für ihr späteres Uni-Studium zu sparen.

Statistiken zufolge sind Kinder in China im Schnitt dreizehn Stunden pro Woche länger mit Hausaufgaben beschäftigt als in Deutschland, sie erhalten circa siebzehn Wochenstunden privat bezahlter Nachhilfe und bekommen im Schnitt nur sechs Stunden Schlaf pro Nacht. Ein hoher Preis dafür, dass die Schüler Schanghais in der PISA-Studie von 2012 den ersten Platz innehatten.

Der Erfolgsdruck sei enorm, sagt Kaiwen. Chinesische Eltern würden ihre Kinder ständig zu noch mehr Leistung anstacheln und dabei auch immer wieder Dinge sagen wie: »Schau mal, das Kind vom XY macht das ganz toll. Der hat super Noten. Und jetzt schau dich mal an.«

Kaiwen ist entschlossen, es in dieser Hinsicht anders zu machen als ihre Eltern. So habe sie sich auch fest vorgenommen, ihr Kind nicht ständig mit anderen zu vergleichen. Ihre Söhne sollen das Leben genießen und sich ausprobieren, zum Beispiel mit Hobbys – etwas, was sie selbst nie haben durfte. »Schließlich musste ich ja jede freie Minuten nutzen, um zu lernen.«

Belustigt erzählt mir Kaiwen vom neuesten Hobby ihres Sohnes, der nach Handball, Tennis und Klavier jetzt auch noch dem Schützenverein beigetreten ist.

»Schützenverein?«, frage ich ungläubig, weil ich mir nicht vorstellen kann, dass ein elfjähriges Kind mit Pistolen hantieren darf.

»Ja. Ein richtiger bayrischer Schützenverein«, sagt Kaiwen, die es selbst nicht so recht glauben kann, was für ein Hobby sich ihr Sohn da ausgesucht hat.

Ich frage Kaiwen, welche Unterschiede es ihrer Meinung nach zwischen den Kindern ihrer Freundinnen in Schanghai und den Kindern hier in Deutschland gibt.

»Die Kinder meiner chinesischen Freundinnen sind reifer als die Kinder hier. Dafür sind die Kinder hier in Deutschland auffallend offen. Auch im Umgang mit Erwachsenen. In China gilt Gehorsam als eine Tugend. Das erklärt vielleicht, warum die Kinder in China keinen freundschaftlichen Kontakt mit Erwachsenen pflegen. Als ich neulich bei einer deutschen Freundin zu Gast war, setzte sich die älteste Tochter zu uns. Sie fragte mich über China aus und unterhielt sich mit mir. Sie war ehrlich interessiert an der Unterhaltung. Das hat mich verblüfft.«

Dass Respekt und Gehorsamkeit so wertgeschätzt werden, lässt sich ebenfalls auf den chinesischen Philosophen Konfuzius zurückführen, für den eine geordnete Familienstruktur von elementarer Wichtigkeit war. So stammt von ihm folgendes Zitat: »Die Schwierigkeit bei der Erfüllung der Pflichten in der Familie besteht in einem fortdauernd rücksichtsvollen und freundlichen Betragen, dass man es vermeidet, sich im Laufe der Jahre in seinen Manieren den Eltern gegenüber gehen zu lassen. Was man sonst unter der Erfüllung der Pflichten versteht, dass die Kinder die Mühen der Arbeit für ihre Eltern auf sich nehmen, dass sie ihnen ihren Besitz zur Verfügung stellen und für ihren Lebensunterhalt sorgen, das alles sind nur die selbstverständlichen Voraussetzungen.«[4]

Kaiwen ist davon überzeugt, dass die Kinder hier in Deutschland glücklicher sind als in China. Und doch ist es für sie nicht immer ganz leicht zu sehen, wie anders ihre eigenen Kinder im Vergleich zu ihr selbst sind. Auch wenn sie stolz darauf ist, dass ihr ältester Sohn ohne den großen Leistungsdruck aufwächst, mit dem sie als Kind leben musste, fällt es ihr schwer, in dieser Beziehung loszulassen.

»Ich kann nicht umhin zu denken, dass er in meinen Augen nicht genug für die Schule macht. Trotzdem halte ich mich zurück.«

Zum Glück, sagt Kaiwen, sei ihr Sohn ziemlich schlau und habe sich in der Schule immer leichtgetan. Meistens bringe er Zweier nach Hause. Was sie machen würde, wenn es nicht so wäre, weiß sie nicht. Ihre eigene Mutter habe zu Beginn gar nicht verstehen können, wie frei ihr Enkel aufwachse.

»Unterdessen«, sagt Kaiwen, »hat sie sich aber daran gewöhnt. »So sehr, dass sie es ist, die mir jetzt manchmal sagt: ›Lass ihn einfach machen.‹«

Kaiwen findet es lustig, dass, während sie versucht, von der chinesischen Erziehungsidee etwas Abstand zu nehmen, die deutschen Mütter zunehmend chinesisch werden.

»Wenn die Kinder hier in die vierte Klasse der Grundschule kommen, werden alle panisch«, sagt sie. »Die Mütter üben dann einen irren Druck auf die Kinder aus, nur damit sie alle aufs Gymnasium kommen und später studieren können. Das erinnert mich sehr an China und die Tigermütter dort.«

»Tigermutter« ist ein Begriff, der seit dem Buch der chinesisch-amerikanischen Jura-Professorin Amy Chua[5] in aller Munde war. In diesem Buch beschreibt die zweifache Mutter, wie sie mit eiserner Disziplin von ihren Töchtern stets Hochleistungen gefordert und diese schließlich auch von ihnen bekommen hat. Hierzulande wurde die »Tigermutter« mit einer Mischung aus Faszination und Entsetzen gelesen. Auch Kaiwen musste sich von anderen deutschen Müttern oft fragen lassen, ob sie auch so eine »Tigermutter« sei.

Kaiwen kann da nur lachen.

»Bei mir läuft gar nichts mit Autorität und Gehorsam. Ich setze darauf, den Kindern immer zu erklären, warum sie etwas machen müssen. Auch bei meinem Zweijährigen ist das so. Ich erkläre ihm, warum er baden muss, warum er seine Haare waschen muss … Auch wenn das manchmal zu echt langen Diskussionen führt. Ich denke aber, es lohnt sich.«

Zum Schluss frage ich Kaiwen, was sie ihren Söhnen mitgeben würde, wenn sie mal Eltern werden sollten. Sie lacht: »Mein Sohn würde mich garantiert nicht fragen, was ich denke. Er hat seinen eigenen Kopf.«

Amy Chua wäre mit Kaiwen wohl nicht einverstanden, aber damit kann Kaiwen gut leben.

## Kaiwens Erziehungstipps

1. Halte deine innere Tigermutter, die die Kinder am liebsten ständig antreiben würde, im Zaum.
2. Ermögliche deinem Kind, sich auszuprobieren und seine eigenen Hobbys zu wählen.
3. Freue dich darüber, dass dein Kind einen eigenen Kopf hat, und fürchte dich nicht davor, lange Diskussionen führen zu müssen, in denen du deinem Kind erklärst, warum es etwas machen soll.

# 3  Naiko aus Japan, oder:
## Erziehung durch wertfreie Ermahnung

Ich treffe Naiko in einem kleinen Café, das an einen Blumenladen angeschlossen ist. Unsere Söhne gehen in den gleichen Kindergarten, und so kennen wir uns schon vom Sehen, auch wenn wir noch nicht viel miteinander gesprochen haben. Das liegt wohl daran, dass ihr Sohn nicht jeden Tag in den Kindergarten geht und meistens auch nicht bis sechzehn Uhr bleibt, sondern früher von seiner Mutter abgeholt wird. Für Naiko ist es wichtig, viel Zeit mit ihren beiden Söhnen zu verbringen, mit denen sie zu Hause viel spielt und sie beim Geigeüben begleitet.

Naiko führt eine klassische japanische Ehe. Nach ihrem Studium wurde sie schwanger und blieb zu Hause. Ihr Mann, der in Deutschland in einer japanischen Firma arbeitet, kommt meist spät nach Hause. Um die Kindererziehung kümmert er sich – schon allein aus Zeitgründen – nicht.

»Das geht vielen Männern in Japan so«, sagt Naiko. »Heutzutage kann es zwar schon mal vorkommen, dass man in Tokio einen Vater sieht, der sein Kind in den Kindergarten bringt, das ist aber eher selten.«

Ich frage Naiko, ob sie das stört.

»Nein«, sagt sie. Sie ist mit ihrer Rolle zufrieden. Anders als
34  viele japanische Freundinnen entscheide sie auch vieles allein.

»Mein Mann vertraut mir«, sagt Naiko. »Und außerdem komme ich hier gut zurecht.«

In der Tat macht Naiko einen sehr kompetenten Eindruck. Sie spricht nicht nur gut Englisch, sondern auch sehr gut Deutsch. Und das, obwohl sie erst seit drei Jahren hier ist. Auch wenn es in ihrem ersten Jahr in Deutschland nicht ganz einfach war, möchte sie die Zeit hier nicht missen, sagt sie etwas wehmütig, denn Ende dieses Jahres geht es mit ihrer Familie zurück nach Japan.

»So viele Japaner kommen nie aus ihrem Land heraus und sind nicht neugierig auf andere Kulturen. Einmal nicht zur Mehrheit zu gehören, sondern zu einer Minderheit, das ist eine ungeheuer wichtige Lektion für mich gewesen«, sagt sie. »Zu den Ausländern, mit denen ich früher in Japan in meiner Schulzeit zu tun hatte, gab es immer eine gewisse Distanz. Ich glaube, das liegt daran, dass die Japaner das Fremde nicht so gewohnt sind. In dieser Hinsicht bin ich sehr dankbar, dass ich und auch meine Söhne diese Erfahrung machen dürfen. Wenn wir wieder in Japan sind, möchte ich, dass sie sich an dieses Gefühl erinnern.«

Naikos Söhne sind fünf und zwei Jahre alt. Zwei fröhliche Kinder, die nach dem Kindergarten ausgelassen toben. Ich frage Naiko danach, was ihr in Deutschland an den Müttern und Kindern aufgefallen ist. Naiko muss keine Sekunde lang nachdenken.

»Regeln!«, sagt sie. »Deutsche Mütter haben so viele Regeln für die Kinder. Und die Kinder können sich so gut in Restaurants benehmen.«

Ich muss schmunzeln. Dass mir eine Japanerin sagen würde, dass wir Deutschen so streng sind, hätte ich nicht gedacht. Ich hatte immer geglaubt, dass Japaner besonders streng zu ihren Kindern wären.

»Habt ihr denn keine Regeln?«, frage ich.

»Nicht so viele«, sagt Naiko. Es wundert sie bis heute, dass Mütter in Deutschland so streng sind. Dass sie etwa ihren Kindern keinen Fruchtsaft zu trinken geben wollen, weil da so viel Zucker drin ist. Oder immer darauf achten, dass Kinder nicht zwischen den Mahlzeiten essen.

»Und dann natürlich das mit dem Ins-Bett-Gehen. Deutsche Mütter scheinen mir manchmal wie besessen davon, dass ihre Kinder vor acht Uhr schlafen sollen. Japanische Mütter sind da viel flexibler«, sagt sie und lacht.

Dass wir uns oft damit verrückt machen, dass wir die Kinder früh ins Bett bringen wollen, kann ich nur bestätigen. Gerade gestern hatte ich mir in den Kopf gesetzt, dass mein Jüngster um zwanzig Uhr schlafen sollte. Tatsächlich eingeschlafen ist er dann nicht um acht, sondern halb zehn, natürlich sehr zu meinem Missvergnügen. Andererseits bin ich wohl selbst schuld. Schließlich lag es nur daran, dass ich mir diese Uhrzeit fest vorgenommen hatte und entsprechend enttäuscht war, als es nicht klappte.

Naiko ist auch aufgefallen, dass deutsche Mütter einen großen Wert auf die Individualität ihrer Kinder legen. Das sei in Japan nicht so. Wenn ein Kind zum Beispiel hierzulande ein Spielzeug haben möchte, nur weil es das gleiche Spielzeug bei einem Freund gesehen hat, dann ist das für deutsche Mütter kein Argument. In Japan hingegen sei es ganz normal, dass sich ein Kind an anderen orientiere und dazugehören wollen würde. Sie habe das mit der Individualität schätzen gelernt und werde sich – zurück in Japan – wahrscheinlich wieder umgewöhnen müssen.

»Dann werde ich bestimmt mehr Spielzeug anschaffen müssen«, sagt sie und lacht.

Naiko ist eine zierliche junge Frau mit einer zarten Stimme.

Ich frage sie, ob sie ihre Stimme manchmal gegen ihre Kinder erhebt. Sie sieht mich an und schüttelt den Kopf.

»Nein«, sagt sie. »Moderne japanische Mütter glauben nicht daran, dass man die Kinder ermahnen und schimpfen soll.«

»Wie machst du es dann?«, frage ich. »Was ist dein Trick?«

Naiko lächelt. »Ich wiederhole einfach, was sie sagen.«

»Wie bitte?«, frage ich.

»Wenn Toto etwas Schlechtes sagt, dann wiederhole ich es. Zum Beispiel wollte Toto gestern etwas Wasser haben. Ich habe es ihm gegeben. Dann wollte sein älterer Bruder Yota auch Wasser. Da hat Toto gesagt: ›Yota soll kein Wasser haben.‹ Ich habe mich zu ihm umgedreht und einfach gesagt: ›Du willst, dass Yota kein Wasser bekommt.‹ Einfach so. Ohne es zu bewerten.«

»Und?«, frage ich. »Wirkt das?«

Naiko lacht. »Meistens, ja. Aber es gibt meinem Kind das Gefühl, dass ich verstehe, was es will. Ich muss nicht damit einverstanden sein, aber ich möchte ihm das Gefühl geben, verstanden und gehört zu werden.«

Hm, interessant, denke ich.

»Meine eigene Erziehung war wesentlich strenger«, sagt Naiko. »Doch seit ein paar Jahren gibt es in Japan eine große Diskussion darüber, wie Kinder besser erzogen werden können. Dabei spielt der Psychologe Alfred Adler für uns junge Japaner eine wichtige Rolle.«

»Alfred Adler?«, frage ich nach. In der Tat ist der bekannte österreichische Psychologe Alfred Adler, der vor allem in den 30er-Jahren viel publizierte, in unserem Kulturkreis etwas in Vergessenheit geraten. Der Psychologe hatte sich unter anderem auch mit der Frage befasst, was eine gute Erziehung ausmacht, und kam zu dem Schluss, dass das Ziel aller Erziehung darin bestehen sollte, Kinder zu sozialen und kooperativen Mitmenschen zu erziehen. Damit dies geschieht, sei es wichtig, Kinder nicht zu demütigen und sie in ihrem Selbstvertrauen und ihrem Mut nicht zu erschüttern.

Naiko sagt, sie versuche ihre Kinder in der Hinsicht wie Erwachsene zu behandeln, dass sie ihnen nicht einfach vorschreibt, was sie tun sollen, sondern ihnen erklärt, warum es gut wäre, etwas zu tun.

»Als ich siebzehn Jahre alt war, hatte ich einen Freund, der ein Motorrad hatte. Ich wäre so gerne einmal mit ihm gefahren, aber meine Mutter hat es mir einfach verboten. Heute verstehe ich sie natürlich. Auch ich würde meinem Kind das Motorradfahren verbieten, aber im Gegensatz zu meiner Mutter würde ich meinem Kind erklären, warum ich das tue.«

Ich muss schmunzeln. Jetzt verstehe ich, warum ich Naiko vor oder nach dem Kindergarten oft kniend vor ihrem Sohn gesehen habe. Bestimmt war sie da gerade dabei, ihm etwas zu erklären.

An Belohnungen oder erpresserische Erziehungsmethoden glaubt Naiko nicht. Wenn man will, dass das Kind etwas tut, dann darf man kein großes Aufhebens darum machen, sondern einfach ganz ruhig die zeitliche Abfolge erklären, in der etwas geschehen soll.

Anstatt ihrem Sohn also zu drohen oder ihn mit Belohnungen dazu zu bringen, dass er Geige übt, sagt sie ihm einfach ganz ruhig: »Du übst Geige, dann essen wir was und dann gehen wir spazieren.«

Ich verspreche mir selbst, diesen Trick unbedingt auch einmal auszuprobieren.

Yota, so erzählt mir Naiko, habe sich selbst die Geige als

Instrument ausgesucht. Daran erinnere sie ihn immer wieder. Auch legt sie Wert darauf, dass er den Unterricht schätzen lernt. So müsse er zum Beispiel der Lehrerin immer selbst das Geld geben. Am Ende des Monats, so habe Naiko ihrem Sohn erklärt, bekäme der Geigenlehrer Geld im Wert eines Lego-Spiels.

»Es ist mir wichtig«, sagt Naiko, »dass er versteht, dass er Geigenunterricht bekommt, weil *er* es wollte, nicht weil ich es so wollte.«

Ich – als Mutter von zwei Mädchen, die sich ständig streiten – möchte wissen, wie Naiko mit Streit zwischen ihren Söhnen umgeht. Gibt es den überhaupt?

»Natürlich gibt es den. Der Jüngere will dem Älteren oft Spielsachen wegnehmen und gönnt ihm vieles nicht.«

»Was machst du dann?«

»Ich versuche, die gleiche Methode anzuwenden. Ich frage: ›Was ist passiert?‹ Dann versuche ich mir – so unparteiisch wie möglich – einfach anzuhören, was zwischen den beiden geschehen ist. Beide können mir ihre Version erzählen. Ich versuche, nicht zu bewerten, aber beiden das Gefühl zu geben, dass ich ihnen zuhöre.«

»Klappt das?«

Naiko lacht.

»Nein. Nicht immer. Wenn es gar nicht geht, dann sage ich ihnen, dass sie in getrennten Zimmern spielen müssen. Aber meistens wollen sie das auch nicht.«

»Was möchtest du deinem Sohn mitgeben? Was, denkst du, ist wichtig?«, frage ich Naiko.

»Er soll lernen, dass es wichtig ist, Gewohnheiten zu haben und die Gewohnheiten lieben zu lernen. Und ich möchte ihm beibringen, dass man fast alles im Leben erreichen kann, wenn man übt. Ich glaube, das ist sehr wichtig.«

Dann stelle ich Naiko meine letzte Frage.

»Was würdest du deinem Sohn gerne mitgeben, wenn er mal Kinder hat?«

Naiko überlegt.

»Ich glaube, ich würde ihm sagen: ›Weißt du, auch wenn es einmal schwierige Moment gibt, denk daran, dass auch diese vorübergehen werden.‹ Meine Söhne haben zum Beispiel als Babys sehr schlecht geschlafen. Ich habe daher ungefähr zwei Jahre meines Lebens ebenso schlecht schlafen können. Erst dachte ich, das geht ja nie vorbei, aber das stimmt nicht. Jetzt schlafen sie wunderbar, und alles ist gut. Wenn ich öfter daran gedacht hätte, dass das ja nur eine Phase ist, wäre ich bestimmt beruhigter gewesen.«

## Naikos Erziehungstipps

1. Wenn dein Kind etwas sagt, mit dem du nicht einverstanden bist, wiederhole seine Worte. Gib ihm das Gefühl, gehört zu werden, und die Chance, über das Gesagte nachzudenken.

2. Wenn du willst, dass dein Kind etwas Bestimmtes macht, dann mach kein großes Aufheben davon, sage ruhig und bestimmt, was wann geschehen soll, und geh einfach davon aus, dass es geschehen wird.

3. Wenn du dein Leben erleichtern willst, dann versteif dich weder darauf, dass dein Kind um jeden Preis früh ins Bett gehen muss, noch darauf, dass es immer um jeden Preis gesund essen muss.

# 4 Magali aus Frankreich, oder: Erziehung und Zauberei

Ich treffe Magali in ihrer Wohnung im fünften Stock. Dummerweise bin ich die Treppen gelaufen, anstatt den Aufzug zu nehmen. Nun komme ich außer Puste oben an. Im Wohnzimmer hängt ein riesiges Poster von Paris, das eine ganze Wand bedeckt.

Magali vermisst ihre Heimat sehr und fährt regelmäßig nach Frankreich. »Was mich aber nicht daran hindert, mich hier in Deutschland sehr wohlzufühlen«, sagt sie im gleichen Atemzug. Die ausgebildete Schauspielerin, die selbst Schauspielunterricht gibt und eine Improvisationstruppe leitet, verliebte sich vor sieben Jahren im Rahmen eines internationalen Theaterprojekts in einen Deutschen. Mittlerweile sind die beiden verheiratet und haben zwei Söhne im Alter von zweieinhalb und vier Jahren. »Sportlich« nennt sie diese Herausforderung, zwei Kinder zu haben, die altersmäßig so nahe beieinander sind.

Ich frage Magali, was sie als den größten kulturellen Unterschied in puncto Kindererziehung ansieht. Das Erste, was ihr einfällt, ist der unterschiedliche Umgang mit Fremdbetreuung.

»Ich habe meine beiden Söhne mit zehn Monaten zum ersten Mal in die Krippe gebracht, und das auch nur am Nachmittag. Hätte ich dies in Frankreich gemacht, wäre ich ganz schön komisch angesehen worden. Dort ist es ganz normal, das Kind mit vier Monaten in die Krippe zu bringen – und nicht nur nachmittags, sondern den ganzen Tag, also von acht bis siebzehn Uhr.«

Hier in Deutschland würde man sie manchmal schief ansehen, wenn sie erzählt, dass ihre Kinder in der Krippe sind.

»Zum Beispiel die Frau aus der Bäckerei an der Ecke«, erzählt mir Magali. »Die hat mich voller Mitleid angesehen, als sie erfahren hat, dass ich wieder arbeite und meinen Sohn in die Krippe bringe. Als ich ihr daraufhin gesagt habe, dass ich gerne arbeite, und auch, dass Krippen für Kinder unheimlich wichtig seien, weil sie dort soziale Kontakte haben können, fand sie das ziemlich irritierend.«

Magali ist überzeugt davon, dass es gut ist, wenn eine Frau auch als Mutter weiterhin berufstätig bleibt und nicht ausschließlich für die Kinder da ist.

»Zumindest habe ich feststellen können, dass die Mütter, die ganztags für ihre Kinder da sind, nicht gerade die entspanntesten sind«, sagt Magali und lacht. »Oft beklagen sie sich und haben es ganz schön satt, immer nur für die Kinder da zu sein. Und das verstehe ich völlig. Meine Kinder sind mir das Wichtigste überhaupt, trotzdem möchte ich nicht die ganze Zeit bei ihnen sein. Ich bin eine Mutter, ja, aber ich habe auch andere Rollen, die ich erfüllen möchte: Ich bin Ehefrau, Freundin und Schauspielerin. All diese Rollen gehören zu mir, und ich möchte sie ausleben, sonst wäre ich nicht ausgeglichen.«

Eine andere Sache, die Magali hier aufgefallen ist, sei, dass sie nur wenige Mütter erlebe, die in der Öffentlichkeit Zärtlichkeiten mit ihren Kindern austauschen. Sie würde ihre Söhne ständig knuddeln – auch in der Öffentlichkeit.

Unwillkürlich muss ich daran denken, dass zwar Franzosen

zärtlicher mit ihren Kindern in der Öffentlichkeit sein mögen, dafür aber körperliche Strafen wie etwa ein Klaps auf den Po oder eine Ohrfeige als Erziehungsmaßnahme nicht nur toleriert, sondern – glaubt man den Umfragen – von der Mehrzahl der Franzosen auch befürwortet werden. Im Gegensatz zu Ländern wie Schweden und Deutschland sind körperliche Strafen in Frankreich als disziplinarische Maßnahme nach wie vor erlaubt.

»Und worüber wunderst du dich noch?«, will ich wissen.

Magali denkt kurz nach.

»Die deutschen Kinder und ihr Gemüse!«, sagt sie. »Die deutschen Mütter geben ihren Kindern ständig Gurkenscheiben und Apfelstücke in ihre Brotboxen mit. Schokolade ist in den meisten Kindergärten verboten. So etwas würde in Frankreich niemals funktionieren. Süße Sachen, wie ein Dessert oder Schokolade, gehören nun mal zu jeder Mahlzeit. Auch beim ›gouté‹ – der traditionellen Nachmittagspause gegen vier Uhr – gibt es immer etwas Süßes.«

Dabei sind französische Kinder bestimmt nicht dicker oder leben ungesünder als deutsche Kinder. Wahrscheinlich weil französische Kinder schon von klein auf lernen, gutes Essen zu genießen und eher auf Qualität als auf Quantität zu setzen.

Magali glaubt, dass es sehr wichtig ist, Kinder schon im Kleinkindalter kulinarisch nicht zu unterfordern.

»Meine Kinder essen fast alles. Vielleicht liegt das daran dass wir ihnen immer eine große Auswahl an unterschiedlichen Speisen anbieten. Dabei koche ich nicht nur traditionelle Gerichte wie ein Pot-au-feu oder eine Bouillabaisse, sondern auch mal etwas Asiatisches oder Italienisches. Ich finde es wichtig, offen zu bleiben, auch in kulinarischer Hinsicht.«

Gemeinsam Mahlzeiten einzunehmen sei in Frankreich

eine ganz wichtige Angelegenheit. Deshalb ist es sehr wichtig, dass die Kinder schon früh lernen, Tischmanieren zu haben und bestimmte Tischregeln zu respektieren, wie etwa die, immer erst höflich zu fragen, ob sie den Tisch verlassen dürfen.

Ich erzähle Magali, dass viele deutsche Mütter – spätestens seit dem Buch der US-Amerikanerin Pamela Druckerman *Warum französische Kinder keine Nervensägen sind*[6] – glauben, dass französische Kinder weitaus besser erzogen seien als deutsche.

Magali muss lachen. Das Gegenstück zu diesem Vorurteil hätte man auch in Frankreich. Als sie ihren Freundinnen in Frankreich erzählt habe, dass sie nach Deutschland zieht, sei sie von diesen gewarnt worden. Deutsche Kinder würden regelmäßig die Wohnzimmerwände vollmalen, weil die Mütter ihren Kindern alles durchgehen lassen würden.

Kinder, die Wände anmalen, habe sie hier noch nicht getroffen, sagt Magali und lacht. Dafür erlebe sie manchmal schon Dinge, die sie in Frankreich so nicht kenne: Mütter, die sich von ihren Kindern schlagen lassen zum Beispiel, oder Kinder, die ihren Eltern einfach nicht gehorchen. Das würde sie ihren Kindern auf keinen Fall erlauben.

Ich frage Magali nach ihren ganz persönlichen Erziehungstipps. Was tut sie, wenn eins ihrer Kinder einen Tobsuchtsanfall bekommt oder etwas nicht tun will? Magali sieht mich an und lächelt.

»Dann zaubere ich!«

»Du zauberst?«

»Ja. Was bedeutet, dass ich in der Früh meine Taschen immer mit lauter kleinen Dingen vollstopfe. Bonbons, kleine Puppen, ... Wenn mein Sohn dann irgendwie quengelt oder es sonst irgendein Problem gibt, dann setze ich auf den Überraschungseffekt und die Ablenkung. ›Wenn du jetzt brav bist, dann zaubert dir die Mama etwas Tolles hervor, willst du?‹ Und ja, er will fast immer.«

Magali zaubert mir zur Demonstration ein Bonbon hinter meinem rechten Ohr hervor. Großartig, denke ich. »Was bedeutet, dass man aber auch zaubern können muss!«, sage ich.

»Na ja, es sind einfache Tricks, die leicht zu erlernen sind«, sagt Magali. »Aber ich denke, man muss auch der Typ dafür sein. Ich bin ein Mensch, der Freude am Spiel und Kreativität hat. Und das versuche ich auch in meine Erziehung einzubringen.«

## Magalis Erziehungstipps

1. Es ist in Ordnung, nicht ständig mit den eigenen Kindern zusammen zu sein!
2. Lege Wert darauf, dass dein Kind schon früh Tischmanieren lernt und offen für neue Speisen ist, dann könnt ihr die gemeinsamen Mahlzeiten umso mehr genießen.
3. Wenn dein Kind quengelt oder etwas nicht will, dann setze auf Ablenkung und Überraschung! Mit ein bisschen Zauberei geht vieles!

## 5 Roberta aus Italien, oder: Familie und gutes Essen zuerst!

Ich treffe Roberta in einem kleinen Café. Sie ist in Italien geboren und kam mit 25 Jahren nach Deutschland, um Medizin zu studieren. Nach ihrem Studium blieb sie hier und fing an zu arbeiten. Sie hat eine zehnjährige Tochter. Auf den ersten Blick scheint die feingliedrige, beruflich sehr engagierte Ärztin erst mal alles andere als dem Klischeebild der korpulenten, aufopfernden italienischen »Mamma« zu entsprechen, die ständig in der Küche sitzt, um *sugo* zu kochen, und ihre Kinder von früh bis spät betüddelt. Um ihren Beruf als Ärztin auch ausüben zu können, hat sie ihre Tochter erst in einer Kinderkrippe und später in der Schule in einem Hort untergebracht. Ich frage Roberta, ob sie dafür von ihren italienischen Freundinnen kritisiert worden sei. Sie lacht auf.

»Von den italienischen überhaupt nicht, dafür aber von den deutschen. Manchmal habe ich das Gefühl, dass diese traditioneller in ihren Vorstellungen von der Mutterrolle sind als wir Italienerinnen.«

In der Tat ist es in Italien in den letzten dreißig Jahren zu einer großen kulturellen Veränderung im Hinblick auf Frauen und Erwerbsarbeit gekommen. Deutlich mehr Frauen sind dort jetzt berufstätig und stehen entsprechend weniger in der Küche. Angesichts der schwierigen ökonomischen Lage und mangelnder Kita-Angebote verzichten in Italien sogar immer mehr Frauen auf Kinder. Im Schnitt kommen auf eine italienische Frau nur noch 1,3 Kinder, also noch weniger als in Deutschland. Trotzdem ist Italien ein kinderfreundliches Land, in dem Kinder und Familie einen hohen – wenn nicht den höchsten – Stellenwert im Leben haben.

»In Deutschland spielt Karriere und Erfolg eine größere Rolle«, sagt Roberta. »Das schlägt sich auch auf die Kinder nieder, die stärker kompetitiv veranlagt sind als Kinder in Italien.«

Wenn Kinder in der Schule versagen, sagt Roberta, sei das kein Weltuntergang. Erstens erfahren sie von ihren Mitschülern viel Mitgefühl, und zweitens sei es in Italien üblich, dass die Schüler, die das Schuljahr nicht geschafft haben, Anfang September noch einmal eine Prüfung machen dürfen, um das Schuljahr doch zu bestehen. Dies nähme viel Druck von den Kindern.

Und noch etwas fällt Roberta hier in Deutschland in Bezug auf Schule ein.

»Dass in Deutschland so viele Mütter – wenn sich die Noten verschlechtern – sofort zum Lehrer laufen, um ihm oder ihr die Schuld zu geben, finde ich absurd. Wenn man schlecht in der Schule ist, liegt das meist daran, dass man mehr lernen muss. Fertig. Ich denke, da tun sich weder die Kinder noch die Eltern einen Gefallen, das Ganze unnötig zu verkomplizieren und zu emotionalisieren.«

Natürlich, fügt Roberta lachend hinzu, gehen in Italien die Eltern ebenso zu den Lehren, allerdings deshalb, weil sie sich ständig Sorgen um ihre Kinder machen und hören wollen, dass ihre Kinder auf einem guten Weg sind.

Ich frage Roberta, welche Dinge ihr denn persönlich am Herzen liegen, welche spezifischen Werte sie ihrem Kind vermitteln möchte. Sie muss nicht lange nachdenken. »Mitgefühl«, sagt sie. »Ich denke, wir leben in einer Zeit, in der viele Kinder sich im Grunde ihres Herzens allein fühlen, weil sie zu stark in einer Kultur aufwachsen, in der persönliche Entwicklung großgeschrieben wird. Das aber fördert vor allem Selbstbezogenheit.«

Doch wie vermittelt man so einen Wert? Gerade wenn man den Eindruck hat, dass dieser in der Kultur, in der man lebt, nicht ganz weit oben steht?

»Ich versuche, den Kindern in dieser Hinsicht ein Vorbild zu sein. Zum Beispiel koche ich regelmäßig mit meinen Patienten, die ich wegen schwerer Krebsleiden behandle. Das ist sowohl für die Patienten als auch für mich schön, wenn ich nicht immer nur die bin, die ihnen die Chemotherapie verabreicht. Das bekommt meine Tochter natürlich mit, und ich hoffe, dass sie das inspiriert, in ihrem Leben jetzt und später auch an andere zu denken.«

Apropos Kochen.

»Obwohl ich arbeite, koche ich jeden Tag für die Familie. Für mich ist das Kochen wie auch das gemeinsame Essen etwas ganz Wichtiges. Es ist der Moment, in dem man zusammenkommt und das Essen gemeinsam genießen kann.«

Ähnlich wie in Frankreich spielt auch in Italien das Essen eine wichtige Rolle im Familienleben. Dabei tun gemeinsame Mahlzeiten nicht nur Franzosen und Italienern gut. Familientherapeuten und Psychologen wissen, dass es eine Familie nur stärken kann, wenn die Mitglieder gemeinsam sinnliche Erfahrungen machen, wie gemeinsam zu essen und Rücksicht aufeinander zu nehmen. Empfehlenswert seien auch Rituale, wie etwa ein Tischgebet oder ein Moment der Stille vor dem Essen, um so Ruhe und einen Moment der Besinnung einkehren zu lassen. Wenn es Probleme gibt, die besprochen werden müssen, dann sollte man dies am besten nicht beim gemeinsamen Essen tun, um die gemeinsame Mahlzeit nicht negativ zu besetzen.

»Ich will immer, dass das gemeinsame Essen ein schöner Moment ist«, sagt Roberta. »Ein Moment, der gut für den Körper und die Seele ist.« Als Ärztin weiß sie auch, dass Übergewicht bei Kindern, die gemeinsam mit ihren Eltern essen, weniger verbreitet ist als bei Kindern, die es gewohnt sind, alleine zu essen, und die deshalb die Gewohnheit entwickelt haben, zwischendurch einfach irgendetwas zu sich zu nehmen.

Als eine in Deutschland lebende Italienerin stößt sich Roberta manchmal an der recht frühen Unabhängigkeit der deutschen Kinder.

»In Deutschland ist es üblich, dass Kinder mit sechzehn alleine in Urlaub fahren und mit achtzehn ausziehen. In Italien ist das nicht so. Eltern wollen, dass ihre Kinder bei ihnen bleiben, und die Kinder wollen es ebenso. Auch ich habe zu meiner Tochter gesagt: ›Du bleibst bei mir, so lange du willst.‹«

Alles andere, so sagt sie, würde ihr unnatürlich und auch kaltherzig vorkommen.

In der Tat leben über sechzig Prozent der unter fünfunddreißigjährigen Italiener noch bei ihren Eltern. Auch wenn es dafür sicherlich ganz konkrete Gründe gibt – allen voran die hohe Jugendarbeitslosigkeit –, gibt es auch kulturell spezifische Gründe. Ich muss unwillkürlich an meine italienische Freundin Paola denken, die den ganzen Sommer lang nicht mit mir abends ausgehen konnte, weil sie jeden Abend für ihren unterdessen schon vierundzwanzigjährigen Sohn kochen wollte. Als ich Roberta davon erzähle, sieht sie mich achselzuckend an.

»Ist doch klar, dass sie für ihn kochen wollte. Der Sohn deiner Freundin ist eben ein Mammone«, sagt Roberta und lacht.

Unter »Mammoni«, also Muttersöhnchen, versteht man jene jungen italienischen Männer, die – obwohl schon lange volljährig – es vorziehen, im Hotel Mama wohnen zu bleiben und von ihr übermäßig umsorgt zu werden. Ein anderes – ein bisschen weniger freundliches – Wort ist »Bamboccioni«, Riesenbabys.

Dass italienische Männer ein besonderes Verhältnis zu ihrer Mutter haben, ist wohl ein Fakt, den auch die katholische Kirche nicht bestreitet, hat sie doch immer wieder Ehen mit der Begründung annulliert, der Ehemann leide unter einer zu großen psychischen Abhängigkeit von seiner Mutter. Mehr als vierzig Prozent aller verheirateten Männer leben laut einer italienischen Statistik weniger als einen Kilometer von ihrer Mutter entfernt, und von denjenigen, die weiter entfernt leben, rufen siebzig Prozent ihre Mutter einmal täglich an.

Und doch hat eine enge Familienbindung auch ihre guten Seiten. Zumindest scheint es sich positiv auf die Gesundheit und Lebenserwartung auszuwirken, die in Italien auffallend hoch ist (im Schnitt fast zwei Jahre höher als in Deutschland). Dafür ist nicht allein der Verzehr von Olivenöl verantwortlich. Wer sich aufgefangen und als Teil einer größeren Einheit fühlt, ist weniger einsam und psychisch stabiler.

Ich frage Roberta, ob ihr zum Schluss noch ein weiterer Erziehungstipp einfällt. Roberta denkt nach.

»Als meine Tochter vier Jahre alt war, bekam sie einmal in einem Geschäft einen Tobsuchtsanfall, weil sie gold glitzernde Schuhe wollte, die ich ihr aber nicht kaufen wollte. Sie warf sich hin, schrie und schlug mit den Fäusten auf den Boden. Jeder schaute uns an. Ich fühlte mich hilflos und schrecklich. Es war mir auch so peinlich. Da kam plötzlich eine Frau auf uns zu. Erst lächelte sie mich an, dann beugte sie sich zu meiner

Tochter und sagte: ›Weißt du was? Was du da machst, würde ich manchmal auch gerne machen. Ich finde das super. Lass es nur raus.‹ Meine Tochter war so erstaunt, dass sie prompt aufhörte zu weinen. Das hat mich sehr beeindruckt. Einerseits weil es so ein toller Trick war, andererseits weil diese Frau nicht herablassend auf mich geschaut hatte, sondern mir helfen wollte. Frauen- und speziell Müttersolidarität ist mir persönlich sehr wichtig. Ich rede viel mit meinen Freundinnen, vor allem über die Dinge, die mir nicht gelingen. Ich finde, je offener man mit seinen Problemen als Mutter umgeht, desto mehr Ehrlichkeit kommt auch von den anderen und desto mehr kann man sich dann gegenseitig mit guten Ratschlägen helfen.«

Ich nicke. Wie recht sie doch damit hat!

## Robertas Erziehungstipps

1. Lass deine Kinder und dich selbst das gemeinsame Abendessen genießen. Wenn es Probleme zu besprechen gibt, dann nicht während dieser Zeit!
2. Emotionalisiere keine Schulprobleme!
3. Hab Mitgefühl für andere Mütter und rede mit deinen Freundinnen, so kann man sich gegenseitig helfen!

# 6 Mercedes aus Brasilien, oder: Offenheit gegenüber der Welt

Ich treffe Mercedes in einem coolen, kleinen Öko-Café, das, wie sie sagt, den besten Chai Tee der Stadt hat. Die ausgebildete Heilpraktikerin, die perfekt Deutsch spricht, kam vor zwanzig Jahren nach München. Ihr Sohn ist jetzt neun, ihre Tochter zwölf. Mercedes ist eine unaufdringliche Frau mit einer weichen, sanften Stimme. Als wir uns gegenübersitzen, denke ich an meinen Urlaub in Brasilien vor ein paar Jahren. Das Weiche und Melodische der Sprache dort habe ich noch gut im Ohr.

Mercedes stammt aus einer »Mittelklasse-Familie« wie sie sagt. Sie ist in São Paulo aufgewachsen, der größten Metropole Südamerikas, einer Zwölfmillionenstadt, in der Reiche sehr reich und Arme sehr arm sind.

Das Erste, was Mercedes mir sagt, ist, wie schön es für sie sei, dass ihre Kinder sich hier in Deutschland so frei bewegen können. Einfach nach draußen gehen, spielen oder alleine in die Schule zu laufen, das wäre in São Paulo unmöglich. Zu viele Gefahren lauern auf der Straße. Da habe sie schon richtig umdenken müssen. In Deutschland werde man als Mutter ja immer ermutigt, die Kinder alleine zur Schule gehen zu lassen. Mittlerweile mache sie das auch.

Ich frage Mercedes, ob ihr Unterschiede zwischen deutschen und brasilianischen Kindern auffallen. Sie muss nicht lange überlegen. »Brasilianische Kinder sind viel offener als deutsche Kinder. Sie kommen auf einen zu. Ich meine, sowohl untereinander als auch auf die Erwachsenen. Man begegnet sich mehr auf Augenhöhe. Hier erlebe ich oft, dass die Erwachsenen fast Angst vor ihren Kindern haben. Sie haben Angst, sie nicht zu verstehen, Angst, die Kontrolle zu verlieren. In Brasilien empfinde ich den Umgang als entspannter.«

Viele Eltern hierzulande seien geradezu hysterisch im Umgang mit ihren Kindern, sagt sie. »Sie sind so fixiert auf ihre Kinder. Ich glaube, das tut niemandem gut. Kinder sind ein natürlicher Teil des Lebens, nicht mehr und nicht weniger.«

Der US-amerikanische Anthropologe David Lancy[7] würde Mercedes da völlig zustimmen. Er ist der Meinung, dass die westliche Welt eine noch nie da gewesene Kinder- und Erziehungskultur geschaffen hat, die in starkem Kontrast mit dem ursprünglichen und – wie er impliziert – natürlicheren Umgang mit Kindern steht, wie er in der Urzeit und in den meisten noch ursprünglichen Kulturen gepflegt wird.

Die übermäßige Fixierung auf Kinder heutzutage, so schreibt er, beruht auf der Überzeugung, dass die biologische Mutter die wichtigste Bezugsperson für das Kind ist und dass diese daher idealerweise die gesamte Erziehung übernehmen sollte und nur, wenn es nicht anders geht, diese staatlich oder privat organisierten Institutionen oder Personen überlassen sollte.

Diese Ideologie der Allgegenwärtigkeit der Mutter führt Lancy auf den Einfluss des britischen Psychologen Bowlby zurück, der Ende der 50er-Jahre die Theorie vertrat, die Mutter-Kind-Bindung sei das Wichtigste für die Entwicklung eines Kindes. Bowlbys Theorie bildete zu dieser Zeit einen wichtigen Kontrapunkt zu Psychologen wie Sigmund Freud, der vor allem die Pathologie enger Beziehungen zwischen Mutter und Kind betont hatte, oder auch zu dem US-Psychologen John Watson, der in den 20er-Jahren Mütter davor gewarnt hatte, ihre Kinder allzu sehr zu verzärteln. Durch Bowlby wurde die enge Mutter-Kind-Beziehung rehabilitiert, indem er ein Bewusstsein dafür schuf, dass eine solche Bindung etwas Wertvolles sei. »Attachment Theory« nannte er seinen Ansatz, der bis heute die Erziehungspsychologie dominiert. So richtig Bowlby damit auch lag, emotionale und körperliche Bindungen zwischen Mutter und Kind zu ent-pathologosieren und als etwas prinzipiell Gutes zu beschreiben, liegt, wenn man Lancy glauben mag, auch eine Gefahr darin – zumindest wenn man einen allzu starken Fokus auf die Bindung zur Mutter legt. Mütter müssen mit einem enormen Erwartungsdruck leben und leiden permanent und unnötigerweise an schlechtem Gewissen.

Aber was ist mit den Müttern in Thailand oder Afrika, will man an dieser Stelle einwerfen? Tragen diese nicht ständig ihre Kinder auf dem Rücken mit sich herum und schlafen nachts mit ihnen in einem Bett? Wie kann man da behaupten, dass die Kinder da nicht der Mittelpunkt ihres Lebens sind? Falsch gedacht, sagt Lancy an dieser Stelle, der davor warnt, aus diesen Beispielen die falschen Schlüsse zu ziehen. Jene Mütter hätten zwar ihre Kinder ständig bei sich, doch daraus zu schließen, dass die Kinder im Zentrum ihres Lebens stünden, sei falsch. Die Kinder ständig bei sich zu tragen und in unmittelbarer Nähe zu ihnen zu schlafen, werde nicht nur deshalb getan, weil es das Beste für die Kinder sei, sondern weil es das Praktikabelste und das Beste für die eigene Lebensgestaltung sei. Wer die Kinder hinter sich auf dem Rücken schleppt, kann dadurch sowohl ungestört seiner Arbeit nachgehen als auch soziale Kontakte pflegen.

Lancy wirbt insgesamt für mehr Laissez-faire und mehr Entspannung im Umgang mit Kindern. Wer sich allzu sehr auf das Kind fixiere, laufe Gefahr, das Kind zu einer Art »Projekt« zu machen, das nicht nur erfolgreich gemanagt werden müsse, sondern auch oft zu einer Quelle emotionaler Befriedigung missbraucht werde. Beides, so Lancy, sei falsch.

Kann es sein, dass Mercedes als Brasilianerin, also aus einem Land, in dem sowohl afrikanische wie auch indianische Einflüsse in der dominierenden Kultur präsent sind, sich etwas von dieser Ursprünglichkeit in der Kindererziehung bewahrt hat?

»Auf jeden Fall sind die Beziehungen zwischen Eltern und Kindern entspannter«, sagt Mercedes.

»Wie sieht es mit den Schulen aus?«, will ich wissen. »Geht es da in Brasilien auch entspannter zu?«

»Ja, das kann man so sagen«, antwortet Mercedes. »Es ist zumindest undenkbar, dass die Kinder in der Grundschule die Lehrer siezen. Der Umgang ist freundschaftlicher, direkter. Die Kinder fühlen sich wohl mit den Lehrern. Was aber nicht heißt, dass die brasilianischen Schulen insgesamt besser wären. Auf deutschen Schulen lernt man sehr viel – in dieser Hinsicht ist das deutsche Schulsystem viel besser als das brasilianische.«

In der Tat lässt Mercedes auf deutsche Schulen nichts kommen. Sie sei ungemein dankbar für das deutsche Schulsystem, das nicht nur eine exzellente Bildung vermittelt, sondern auch noch kostenfrei sei. In Brasilien seien nämlich die guten Schulen teure Privatschulen.

Mercedes ist dankbar dafür, ihre Kinder in Deutschland großziehen zu können. Das Einzige, was ihr hier missfällt, seien die zuweilen angespannten Beziehungen zwischen Mädchen und Jungen in der Grundschule.

»In Deutschland spielen sie oft nicht zusammen. In Brasilien schon. Da sind die Beziehungen in dem Alter zwischen den Geschlechtern entspannter.«

Als ihre Tochter neulich einen Riesenzirkus gemacht hatte, weil sie zwischen zwei Jungen in ihrer Schule sitzen musste, hat Mercedes versucht, ihr zu vermitteln, wie absurd das sei. »Jungs sind Menschen, genauso wie Mädchen. Denk an deinen Bruder. Der ist auch ein Junge und kein Monster, sondern ein ganz normales Kind, so wie du auch.« Da habe sie lachen müssen. Unterdessen fühle sie sich zwischen den beiden Jungs im Klassenzimmer ganz gut, sagt Mercedes.

Ich frage Mercedes, was ihr persönlich bei ihrer Erziehung am wichtigsten ist, was sie ihren Kindern mitgeben möchte. Mercedes überlegt.

»Zum einen ist mir wichtig, dass sie offen für die Welt sind. Ich glaube, dass derjenige, der versteht, dass es da draußen noch ganz andere Arten zu leben gibt, mehr Verständnis für andere aufbringt und friedvoller und entspannter lebt. Außerdem ist mir wichtig, dass sie nicht zwischen Reich und Arm unterscheiden. Nur weil wir ein bisschen mehr Geld haben als andere, heißt das nicht, dass wir auf ärmere Familien herabschauen sollen. Menschen sind Menschen, egal wie ihr Geldbeutel aussieht.«

Mercedes erzählt mir, wie unfreundlich viele wohlhabende Brasilianer mit ihren Hausangestellten umgehen. »In meinem Heimatland erlebt man das immer wieder in Restaurants. Dort gehen die Reichen oft herablassend mit den Bedienungen um.« So sollen ihre Kinder nicht werden. »Sie sollen wissen, dass jeder Mensch gleichwertig ist und man den anderen und seine Lebensweise respektieren muss.«

Dass in Brasilien zurzeit die Bewegung evangelikaler Prediger auf dem Vormarsch ist, mache die Dinge nicht besser. Viele der evangelikalen Kirchen setzen vor allem auf Selbstdisziplin, sexuelle Enthaltsamkeit vor der Ehe und wirtschaftlichen Erfolg. Das alleine wäre wohl nicht so schlimm, wenn nicht zunehmend evangelikale Kirchen ihre Mitglieder gegen Homosexuelle und Andersgläubige aufhetzen würden.

»Früher gab es die portugiesischen Eroberer, heute sind es die Evangelikalen, die unser Land kolonisieren wollen«, erklärt mir Mercedes. »Dabei geht es vor allem um Macht und Geld, schließlich erhalten die Kirchen 10 Prozent des Einkommens von ihren Mitgliedern.«

Mercedes ist fest davon überzeugt, dass Abgrenzung und starre Disziplin nicht die Lösung für Probleme sind. »Wenn man in die Geschichte blickt, erkennt man, dass so viele Kriege nur deshalb entstanden sind, weil den Menschen Toleranz fehlte. Gerade in unserer Zeit, denke ich, ist es wichtig, genau das zu fördern. Und wo soll man sonst damit anfangen, das einzuüben, als in der Kindheit? Wenn wir eine friedliche Welt wollen, dann müssen wir damit anfangen, unsere Kinder zur Friedfertigkeit zu erziehen.«

## Mercedes' Erziehungstipps

1. Hab kein schlechtes Gewissen, wenn deine Kinder nicht immer und überall das Zentrum deines Lebens sind. Sie sind ein natürlicher Teil deines Lebens, und es ist völlig in Ordnung, dass sich dein Kind auch nach deinen Bedürfnissen richten muss.

2. Versuche, deine Kinder zu weltoffenen Menschen zu erziehen, die verstehen, dass es viele verschiedene Kulturen gibt und dass ihre Art zu leben nicht die einzige ist.

3. Unterstütze dein Kind dabei, das andere Geschlecht nicht als etwas Fremdes anzusehen.

# 7 Imen aus Tunesien, oder:
## Über Nähe und gute Mutter-Tochter-Beziehungen

Ich treffe Imen in ihrer schönen Maisonettewohnung in München. Hier wohnt sie mit ihrem Mann, einem tunesischen IT-Experten und Politologen. Aufgewachsen ist Imen in Tunis. Dort lernte sie auch ihren Mann kennen. Als er nach Deutschland ging, um dort zu studieren, heirateten sie und sie kam mit. Die ausgebildete Mediendesignerin hat unterdessen einen Job bei einer sehr angesehenen Modefirma, den sie auch nach der Geburt ihrer gemeinsamen Tochter vor fünf Jahren nicht aufgegeben hat.

Wer sich Imen als verschleierte, stark islamisch geprägte und unterdrückte Frau vorstellt, irrt. Das sind zumindest die Vorurteile, denen sie täglich in Deutschland begegnet, wenn Menschen erfahren, dass sie aus Tunesien kommt. Imen ist nicht verschleiert. Als Tochter einer aufgeklärten, liberalen und intellektuellen Familie in Tunesien trägt sie eine enge modische schwarze Jeans, ist selbstbewusst und emanzipiert.

Als ich Imen frage, ob es etwas Besonderes für eine tunesische Frau ist, trotz Kindern zu arbeiten, schüttelt sie den Kopf. »Meine älteste Schwester hat sogar noch schneller wieder gearbeitet als ich. Als ihre Tochter drei Monate alt war, flog sie schon nach Thailand, weil sie dort ein Businessmeeting hatte.«

Als ich sie frage, was ihr in Deutschland in Sachen Kindererziehung am stärksten aufgefallen ist, muss sie nicht lange nachdenken. Das, was sie am meisten schockiert hat, ist, dass ihre deutschen Freundinnen immer wieder sagen, sie möchten bloß nicht wie ihre eigenen Mütter sein.» Mir würde das nie in den Sinn kommen. Wenn ich ein Ziel habe, dann ist es, so wie sie zu sein.« Imen lacht.» Als wir im Geburtsvorbereitungskurs danach gefragt wurden, wen wir am liebsten bei der Geburt dabeihaben möchten, sagte ich sofort: › Meine Mutter.‹ Ich erntete entsetzte Blicke. Alle anderen Frauen hatten ihren Mann genannt. Ich kam mir vor wie eine Außerirdische. Ich bewundere und liebe meine Mutter für das, was sie für uns getan hat und immer noch tut. Ich glaube, dass sich unser gutes Verhältnis auch in der Beziehung zu meiner Tochter fortwirkt. Natürlich weiß ich, dass nicht alle Töchter ein so gutes Verhältnis zu ihrer Mutter haben wie ich. Aber auch wenn Töchter nicht alles an ihren Müttern gut finden, gibt es, denke ich, immer Eigenschaften, die wir an unseren Müttern bewundern können.«

Es ist in der Tat eine interessante Frage, warum in vielen westlichen Gesellschaften die Beziehung zur eigenen Mutter für Frauen oft angespannt ist. Eine mögliche Erklärung für dieses Phänomen liefert die Psychologin Julia Onken. Onken[8] stellt die These auf, dass die ablehnende Haltung vieler Töchter ihren Müttern gegenüber vor allem darauf zurückzuführen ist, dass die Tochter ihre Mutter in einer Rolle erlebt, die sie selbst nicht haben möchte. Das liegt, so Onken, unter anderem an der Tatsache, dass der Feminismus der 60er-Jahre die Frauen darin bestärkt hatte, persönliche Erfüllung vor Mutterschaft zu setzen – was in mancher Hinsicht natürlich wichtig war, aber in anderer Hinsicht dazu führte, dass Mutterschaft negativ besetzt wurde.

Wenn Mütter diese negativen Gefühle, die die Mutterschaft in ihnen auslöst, zu verdrängen versuchen, ergibt sich daraus eine permanente innere Spannung. Ein weiteres Problem sei, dass eine Frau als Mutter und Versorgerin zwar Dreh- und Angelpunkt einer Familie ist, dafür aber in der Regel auch innerhalb der Familie wenig Anerkennung und emotionale Befriedigung bekommt.

Eine Mutter, die diesen inneren Konflikt nicht gelöst hat, bleibt, so Onken, mit dem Gefühl zurück, zwar unendlich viel für die Kinder getan zu haben, aber dafür keinen entsprechenden Gegenwert bekommen zu haben, also weder gesellschaftliche Anerkennung noch emotionale Zuwendung.

Onken wendet sich in ihrem Buch an die erwachsenen Töchter und ermutigt sie, mit der eigenen Mutter Frieden zu schließen und Empathie und Verständnis für sie aufzubringen.

Onkens Vorschlag ist auch für Mütter hilfreich, bedeutet das Mutterwerden doch auch immer ein Konfrontiertwerden mit der eigenen Kindheit und damit auch mit dem, wie man als Kind die eigene Mutter erlebt hat.

Doch wie ist es in arabischen Kulturen? Gibt es dort weniger Probleme zwischen Müttern und Töchtern? Wie sieht es aus mit dem Respekt, den man den Müttern dort entgegenbringt? Erfahren Mütter in Tunesien eine andere Anerkennung?

»O ja!«, sagt Imen. »Das ist dort wirklich anders als in Deutschland. Wir haben einfach viel mehr Respekt – nicht nur vor unseren Müttern, sondern auch vor unseren Eltern oder älteren Menschen generell. Menschen, die älter sind als wir, sprechen wir zum Beispiel nie einfach mit dem Vornamen an, wir setzen immer noch eine Höflichkeitsform dazu. Bei einem Mann ist das das Wort ›Amou‹, bei einer Frau das Wort ›Tata‹. Eine negative Seite dieses Respekts gibt es allerdings«, fügt Imen hinzu. »Zuweilen kann er nämlich auch übertrieben sein. Und wenn man sich dann gar nicht mehr traut zu widersprechen, dann ist das zu viel, finde ich.«

In diesem Punkt, so erklärt mir Imen, bestehe ein Unterschied zwischen der Erziehung, die sie genossen hat, und der, die sie jetzt ihrer Tochter angedeihen lässt. »Meine Tochter soll Ältere respektieren, aber nicht blind. Wenn sie später einmal einen älteren Chef oder eine ältere Chefin hat, dann soll sie sich auch trauen, eine kritische Bemerkung zu machen oder eine Anweisung zu hinterfragen.«

Ich frage Imen, die Muslima ist, inwiefern Religion ihre Erziehung beeinflusst. Imen sagt, dass ihre Religion ganz natürlich in ihr Leben eingebunden ist. Sie sei mit dem Islam ganz selbstverständlich aufgewachsen und versuche, das Gleiche mit ihrer Tochter zu machen. So lese sie ihrer Tochter jeden Abend den Koran vor, esse kein Schweinefleisch und faste an Ramadan. Das sei aber kein Grund, ein großes Aufheben darum zu machen. Sie selbst sei extrem liberal erzogen worden. Obwohl ihre Mutter viel strenger war als sie selbst, indem sie etwa Alkohol strikt ablehnte und stets einen Schleier trug, war es für sie absolut in Ordnung, dass sie und ihre beiden Schwestern das nicht taten. Unterschiedliche Auffassungen bezüglich der Religion zu haben, sagt Imen, ist kein Grund, Menschen auszugrenzen. »Ich wurde in diesem Geist erzogen und will das auch meiner Tochter weitergeben.«

Als ihre Tochter Salma sie gefragt habe, warum andere Menschen Schweinefleisch essen und sie nicht, hat Imen ihr erklärt, warum sie und ihr Mann es so machen, sie aber frei sei, es so zu machen, wie sie wolle. Salma habe sich – zum Glück – entschieden, es ihren Eltern gleichzutun, aber wenn sie sich anders entschieden hätte, wäre es ebenso in Ordnung gewesen. Überhaupt habe sie gute Erfahrungen damit gemacht, ihrer Tochter alles immer genau zu erklären und nicht einfach von oben herab zu befehlen.

Imen erzählt mir, wie toll sie die deutschen Kitas in München findet, die sehr gut auf Kinder aus unterschiedlichen Kulturen mit unterschiedlichen Bedürfnissen eingestellt sind. Muslimisches Essen zu bekommen, also Essen ohne Schweinefleisch oder Schweinefleischerzeugnisse, ist da gar kein großes Thema. So wie es vegetarische oder zuckerreduzierte Menüs gebe, gibt es eben auch muslimische Menüs. Überhaupt ist sie von den staatlichen Erziehungsangeboten hier in Deutschland begeistert. In Tunesien seien die Kinder sehr viel zu Hause. Die Welt eines Kindes ist für eine ziemlich lange Zeit auf das eigene Haus oder den Garten beschränkt. Die Freiheit, die ihre Tochter hier in Deutschland genießt, sei etwas, das sie sehr zu schätzen weiß. Sie erzählt mir lachend davon, wie ihre Mutter, wenn sie zu Besuch ist, immer einen halben Herzinfarkt bekommt, wenn sie Salma selbstständig auf den Straßen in München Fahrrad fahren sieht.

»An die Freiheit der Kinder hier musste sie sich erst einmal gewöhnen.«

Das Einzige, was sie an den deutschen Kitas kritisiert, sei die genderspezifische Erziehung: »In Deutschland werden Mädchen ständig ermutigt, mit rosa Einhörnern zu spielen, und Jungs mit Piratenschiffen. Da ist Deutschland noch nicht so fortschrittlich wie Tunesien«, sagt Imen.

»Wirklich?«, frage ich ungläubig, da ich angenommen hatte, dass Deutschland im Vergleich zu einem muslimischen Land in dieser Hinsicht in jedem Fall fortschrittlicher wäre.

»Ich weiß, es klingt vielleicht überraschend für viele Europäer«, sagt Imen, »aber in meinem Heimatland Tunesien sind Männer und Frauen absolut gleichberechtigt. Seit den späten 50er-Jahren dürfen Frauen in Tunesien abtreiben, sich scheiden lassen und wählen gehen – viele Rechte, die Frauen in manchen europäischen Staaten erst weit später bekamen«, klärt mich Imen auf.

In der Tat gilt Tunesien im Vergleich zu anderen muslimisch

geprägten Ländern als Vorbild in Sachen Gleichberechtigung. Den Wendepunkt brachte die Unabhängigkeit Tunesiens 1956, im Zuge deren der neu gewählte Präsident die Polygamie abschaffte und den Säkularismus einführte.

»Auch in unserer Familie versuchen wir Gleichberechtigung zu leben und in diesem Zusammenhang ganz bewusst zu agieren. Wenn mein Mann zum Beispiel am Haus etwas basteln muss, dann nimmt er Salma immer mit und lässt sie Schrauben ziehen und dergleichen. Jedenfalls haben wir zu Hause sowohl Einhörner als auch Piratenschiffe«, sagt Imen. »Auch wenn ich zugeben muss, dass unsere Tochter trotzdem lieber mit den rosa Einhörnern spielt, wenn man ihr die Wahl lässt.«

Imen lacht und ich lache mit ihr. Schließlich weiß ich nur zu gut aus eigener Erfahrung, dass Kinder eben einen eigenen Geschmack und eigene Vorlieben haben.

## Imens Erziehungstipps

1. Pflege ein gutes Verhältnis zu deiner eigenen Mutter, das wird auch der Beziehung zu deiner eigenen Tochter guttun.
2. Bedränge dein Kind nicht in seiner religiösen Ausrichtung. Erkläre ihm nur das, wovon du überzeugt bist. Dein Kind wird höchstwahrscheinlich deinem Beispiel folgen, aber es mit Freude und aus innerem Antrieb tun.
3. Lehre dein Kind Achtung vor Erwachsenen, aber nicht so, dass es sich nicht traut, den Erwachsenen zu widersprechen.

# 8 Benita aus Kuba, oder: Erziehung und Musik

Ich treffe Benita in einem kleinen Café in der Nähe des Kindergartens, den ihr Sohn gemeinsam mit meinem besucht. Ihr jüngster Sohn, der sechs Jahre alt ist, geht mit meinem Sohn in die gleiche Gruppe. Ihr ältester Sohn ist schon acht und geht in die zweite Klasse. Benita ist vor dreizehn Jahren von Kuba nach Deutschland gekommen, um hier Salsa- und Zumba-Unterricht zu geben. Verheiratet war sie zunächst mit einem Deutschen. Jetzt ist sie mit einem Sizilianer liiert. Das klappe besser, sagt sie und lacht. Zwischen Sizilianern und Kubanern gebe es einfach mehr Gemeinsamkeiten.

»Welche zum Beispiel?«, frage ich, und damit sind wir auch schon mitten im Thema.

»Wir sind emotionaler, was den Umgang mit anderen Familienmitgliedern betrifft«, sagt Benita. »Wir streiten, aber lieben uns auch intensiver. Wir zeigen unsere Gefühle. Auch die negativen«, sagt sie. »Das ist in der Familie meines Mannes genauso.«

Ich frage Benita, wie sie aufgewachsen ist.

»Ich hatte eine herrliche Kindheit«, sagt sie und strahlt. »Wir waren den ganzen Tag draußen auf der Straße und haben gespielt. Hier wachsen meine Kinder recht isoliert auf. Ich fahre sie in die Ballschule, zum Fußball, in die Musikschule ... aber einfach rausgehen und spielen, das wollen und können sie hier nicht.«

Ich frage Benita, woran das ihrer Meinung nach liegt.

»Bei uns sind die Kinder sicher. Selbst in einer Großstadt wie Havanna, aus der ich komme. Und zwar, weil sie immer unter Beobachtung sind. Schließlich sind draußen auf der Straße auch immer Erwachsene.«

Ich nicke und denke, dass wohl auch das eine Gemeinsamkeit mit dem Süden Italiens ist, wo Kinder viel auf der Straße spielen, dort aber immer sicher sind, weil die Erwachsenen auch viel Zeit an der frischen Luft verbringen. In unserem Urlaubsort in Süditalien sind unsere Kinder auch ständig draußen auf der Straße – manchmal sogar bis ein Uhr morgens. Selbst unser jüngster Sohn ist dann dabei. Wir haben dabei nie Angst, denn wir wissen genau, dass im Notfall immer ein Erwachsener da ist, der aufpasst.

Ich muss an meine eigene Kindheit in einem kleinen Vorort bei München denken. Auch dort haben wir alle nach der Schule draußen gespielt. Diese Momente gehören eigentlich zu den schönsten Erinnerungen an meine Kindheit. Was ist nur passiert, dass diese Erfahrung heute vielen Kindern verwehrt bleibt? Die norwegische Psychologin Ellen Sandseter hat sich mit dieser Frage beschäftigt und ist zu dem Ergebnis gekommen, dass Schuld an dieser Veränderung die Erwachsenen hätten, die davon besessen seien, »sichere« und »sinnvolle« Freizeitbeschäftigungen für ihre Kinder auszusuchen. Wie wichtig es sei, dass Kinder im freien Spiel ihre Persönlichkeit entwickeln können, indem sie ihre physischen und psychischen Grenzen ausloten, sei ihnen nicht bewusst. Sandseter unterteilt das risikobehaftete Spielen in sechs Kategorien:

1. das Spiel in großer Höhe
2. das Spiel mit schneller Geschwindigkeit
3. das Spiel mit gefährlichen Gegenständen
4. das Spiel in der Nähe von gefährlichen Elementen (wie z. B. Feuer)
5. das Spiel mit rauen Umgangsformen (Raufen, Schlagen, Treten)
6. das Spiel in unbekannten Gegenden, wo Kinder sich verlieren können

Spiele dieser Art, so Sandseter, lösen bei Kindern eine große Begeisterung aus, und zwar obwohl – oder eben gerade weil – Angst dabei eine Rolle spielt. Risikobehaftete Spiele – davon ist die Wissenschaftlerin überzeugt – tragen wesentlich zur psychischen Gesundheit von Kindern bei.

Dabei hätten, so Sandseter, Kinder ein Recht darauf, Risiken einzugehen – und das auch, wenn sie sich dabei mal eine Schramme holen würden. Eine auf Sicherheit fixierte Gesellschaft, die ihre Kinder in Watte packt, warnt sie, nimmt den Kindern die wichtige Erfahrung, mit Misserfolgen und Risiken umzugehen.

In der Tat geben wir in unserer erfolgsorientierten Gesellschaft weder uns noch unseren Kindern kaum die Zeit, einfach etwas Neues, Ungeplantes und scheinbar Sinnloses auszuprobieren.

Ich kann mich in diesem Zusammenhang an die eigene Nase packen, denke ich insgeheim, sind meine eigenen Kinder doch auch mit vielen Aktivitäten verplant – von Tennis über Gitarre bis zum Kung-Fu-Unterricht.

»Man muss den Kindern nicht immer irgendwelche Pläne vorgeben«, sagt Benita. »In der Schule sind sie doch genug getaktet. Sie müssen das Recht haben, auch mal nichts zu tun«, findet sie.

In der Tat wird das Nichtstun in unserer Kultur nicht wertgeschätzt. Und das, obwohl, wie man weiß, Nichtstun die Bedingung für ein kreatives und psychisch gesundes Leben ist. Nicht nur bei uns Erwachsenen, sondern auch bei Kindern stellt sich dann im Idealfall das ein, was Mihály Csíkszentmihályí als »Flow-Effekt« bezeichnet hat, also das beglückende Gefühl, mit sich und dem, was man tut, im Reinen zu sein.

Ich frage Benita danach, was sie bewusst anders macht und anders machen will als ihre Mutter.

»Meine Mutter hat bei mir alles durchgehen lassen«, sagt Benita. »Das möchte ich bei meinen Kindern anders machen. Und das muss ich auch. Ich meine, immerhin habe ich zwei Söhne«, sagt sie und lacht.

Viele Mütter teilen Benitas Sorge, zu weich mit ihren Söhnen umzugehen. Die Angst, sich ein »Muttersöhnchen« – oder wie die Italiener sagen, ein »Mammone« – heranzuziehen, ist bei vielen Müttern präsent. Eine Angst, die von vielen Psychologen noch verstärkt wird. So warnt etwa der Psychologe Roland Kopp-Wichmann[9] Mütter davor, ihre Söhne in zu starker Abhängigkeit zu halten und zu »Prinzen« zu machen. Solche Männer seien im späteren Leben leicht gekränkt, hätten übertriebene Erwartungen an ihre Partnerinnen, in denen sie oft einen Mutterersatz suchten, und gingen öfter fremd als andere Männer.

Ich frage Benita danach, was ihr bei ihrer Erziehung am wichtigsten ist. »Dass die Kinder Vertrauen haben«, sagt sie. »Vertrauen in die Welt und in das, was sie tun.« Das sei nicht immer einfach. Vor allem, wenn man die Sprache nicht so gut beherrscht.

Da weder sie noch ihr Mann muttersprachlich Deutsch sprächen, könnten sie mit ihren Söhnen nicht Deutsch sprechen.

»Ist ja klar, dass sie dann mit der deutschen Sprache mehr Schwierigkeiten haben«, sagt Benita. Sie erzählt mir von den Schwierigkeiten, die ihr Sohn letztes Jahr in der Schule hatte. Die Lehrerin, mit der ihr Sohn nicht gut zurechtkam, wollte ihn schon auf eine andere Schule versetzen, da habe sie die Direktorin gebeten, ihn erst einmal die Klasse wechseln zu lassen, damit er mit seinen Freunden aus der Nachbarschaft zusammen sein kann. Sobald er in der neuen Gruppe war, blühte er auf, öffnete sich und verbesserte auch seine Noten.

»Dass man sich in einer Gruppe wohlfühlt, ist so wichtig. Wenn das existiert, hat man auch Vertrauen in sich.«

Ich kann Benita nur zustimmen, denn die gleiche Erfahrung habe ich mit meiner jetzt vierzehnjährigen Tochter gemacht, die im dritten Schuljahr die Klasse wechseln durfte. Sie fühlte sich in ihrer Klasse einfach nicht wohl. Lange hatte ich gedacht, dass es vor allem an ihr läge und eine andere Klasse auch nichts daran ändern würde. Doch das war falsch. Als wir sie – mit der Erlaubnis der Direktorin – schließlich doch in die Parallelklasse versetzten, löste dies eine deutliche Veränderung in ihrem Lebensgefühl und eine absolut positive Entwicklung aus.

Ich frage Benita, ob sie einen kubanischen Erziehungstipp für mich hat. Sie lacht. Ob das kubanisch sei, wisse sie nicht, aber was gut funktioniert, sagt Benita, sei, ihre Kinder mit Musik zu umgeben. Natürlich hänge das damit zusammen, dass sie selbst als Tänzerin sowieso immer Musik um sich gehabt hätte.

»Das war schon mein ganzes Leben so. Ich wache auf, und es gibt Musik. Und so geht das den ganzen Tag weiter. Wenn meine Kinder schlecht drauf sind oder es Streit gibt, dann drehe ich die Stereoanlage hoch. Dann tanzen wir einfach im Wohnzimmer, und sie lieben es. Musik vertreibt schlechte Gedanken.«

Pädagogen verweisen zu Recht immer wieder auf die wichtige Bedeutung von Musik für das Leben und die Entwicklung der Kinder. Leider wird dem in Kindergärten und Schulen nicht immer genügend Rechnung getragen. Doch die melodische Stimme und der Gesang der Mutter, oft gepaart mit rhythmischen Wiegenbewegungen und Streicheln, sind in den ersten Jahren der frühen Kindheit das beste Beruhigungsmittel. Aber auch in späteren Jahren ist Musik für Kinder von ungeheurer Bedeutung. Zahlreiche Studien haben gezeigt, wie stark Musik und Bewegung nicht nur musikalische Grundkompetenzen schult, sondern auch soziale und emotionale Intelligenz fördert, die Konzentration stärkt und positiv auf die Sprachentwicklung wirkt.

Dass Musik auch eingesetzt werden kann, um negative Spannung abzubauen, hat nicht nur Benita erkannt. Vor allem in den USA wird Musik zunehmend in Krankenhäusern oder Zahnarztpraxen eingesetzt, um Patienten zu beruhigen, Ängste abzubauen und zu entspannen.

Ich denke an meine eigene Familie. In der Tat kommt es auch bei uns vor, dass wir gemeinsam Karaoke singen oder zusammen Sport machen. Diese Zeiten sind immer schön für uns. Negative Gedanken oder angespannte Stimmungen haben in diesen Momenten keinen Platz.

## Benitas Erziehungstipps

1. Gib deinem Kind die Möglichkeit, sich auch unbeaufsichtigt zu beschäftigen und dabei auch mal Risiken einzugehen.
2. Gib deinem Kind genügend Zeit für Muße.
3. Gemeinsam zu singen und zu tanzen verscheucht negative Stimmungen.

# 9  Abeba aus Äthiopien, oder:
##    Erziehung zu Respekt

Abeba ist seit siebzehn Jahren in München. Ihre beiden Kinder, eine zehnjährige Tochter und ein achtjähriger Sohn, sind in Deutschland geboren. Sie selbst kommt aus Äthiopien, aus der Hauptstadt Addis Abeba, einer Großstadt mit über drei Millionen Einwohnern. Dass sie nur zwei Kinder hat, ist – auch heute – für Äthiopierinnen eher ungewöhnlich. Die meisten ihrer Verwandten haben mindestens fünf Kinder, ihre eigene Mutter hatte zehn Geschwister. Sie selbst hatte zwei Geschwister. Ich frage Abeba, wie ihre Jugend zu Hause war. Sie gerät ins Schwärmen.

»Nach der Schule haben wir kurz äthiopischen Tee getrunken, das ist schwarzer Tee mit Kardamom, Nelken und Zimt, dazu frisches Brot gegessen, und dann gehörte der Nachmittag uns. Wir Kinder waren die ganze Zeit auf der Straße. Mit unseren Freunden, unseren Halbschwestern, Halbbrüdern und unseren Cousins und Cousinen. Am Abend kamen wir dreckig, aber glücklich und müde nach Hause. Hausaufgaben haben wir erst abends gemacht. Wir hatten zwar einen Fernseher zu Hause stehen, aber viel geschaut haben wir nicht. Da es nur einmal in der Woche einen Film gab, haben wir uns auf den beschränkt. Und das, obwohl der unter der Woche lief und auch noch ziemlich spät, nämlich zwischen 23 und 24 Uhr. Heutzutage gibt es einfach zu viele mediale Angebote.«

Zu viele Filme, zu viele Serien. Die Kinder spielen weniger zusammen, das findet sie traurig. In der Tat ist in den letzten zehn Jahren die Medienausstattung in den Familien regelrecht explodiert. Fast jeder besitzt einen Laptop, Smartphones mit Internetanschluss sowieso. Dadurch, dass die Bedienung so leicht geworden ist und diese Medien auch von unterwegs genutzt werden können, ist die Gefahr, sich ständig mit diesen Medien zu befassen, stark gewachsen. Verständlich also, dass digitale Medien für die Elterngeneration – die sogenannten »digital immigrants« – eine weitaus kleinere Rolle spielen als für die Kinder, die als »digital natives« ganz selbstverständlich damit aufwachsen. So wichtig es ist, mit digitalen Medien vertraut zu sein, bergen diese auch Gefahren.

Besonders das Handy stellt für Kinder eine gefährliche Verlockung dar. Es verleitet sie nicht nur dazu, zu viel Zeit mit sinnlosen YouTube-Filmchen und Ähnlichem zu verbringen. Aufgrund der extensiven Nutzung kann es auch zu Haltungs- und Sehschäden sowie Schlafstörungen kommen. Kein Wunder, dass sich viele Eltern – zu Recht – über den Handykonsum ihrer Kinder Sorgen machen. In seinem Buch *Jetzt pack doch mal das Handy weg* gibt Autor Thomas Feibel hilfreiche Tipps an Eltern, die verhindern wollen, dass das Handy im Leben ihrer Kinder eine allzu große Rolle spielt. So rät Feibel Eltern zuallererst dazu, schon vor dem Kauf des ersten Handys eine Art Vertrag mit den Kindern zu machen, in dem die Nutzung des Smartphones festgelegt wird. Er warnt allerdings auch davor, das Handy per se zu verteufeln. Das Smartphone gehöre zum modernen Leben dazu, es sich wegzuwünschen bringe also nichts. Viel besser sei es da, die Zeit, die zur Verfügung steht, mit anderen Dingen zu füllen. Also anstatt einfach nur zu sagen: Am Wochenende machen wir ein Handy-Detox, sei es besser, etwa einen Schwimmbadbesuch vorzuschlagen oder andere Dinge, bei denen man sowieso keine Handys benutzen kann.

Ich frage Abeba, was sie als den größten Unterschied zwischen den Kindern und der Erziehung in Äthiopien und in Deutschland empfindet. Sie sieht mich an.

»Zu Hause haben wir immer sehr viel Wert darauf gelegt, mit anderen zu teilen und anderen etwas Gutes zu tun. Wenn wir essen, dann nimmt sich jeder vom Teller des anderen, wir teilen das, was wir haben. Bis heute hasse ich es, allein zu essen, ich finde das nicht schön. Wenn meine Tochter ihr Pausenbrot von der Schule wieder mit nach Hause nimmt, sage ich ihr: ›Warum hast du nicht mit deinen Freunden geteilt? Ich will nicht, dass du dein Pausenbrot wieder mit nach Hause nimmst. Wenn du nicht teilst, bist du nicht mit der Welt verbunden.‹«

»Mit der Welt verbunden?«, frage ich, weil ich mir nicht sicher bin, ob ich sie richtig verstanden habe.

»Ja«, bekräftigt Abeba. »Menschen sind miteinander verbunden. Und wenn sie es nicht sind, sind sie wie Steine. Was uns zusammenhält, ist der Respekt. Respekt muss zwischen allen Menschen existieren. Aber natürlich müssen besonders die Jüngeren gegenüber den Älteren Respekt zeigen. Und die Frau gegenüber dem Mann.«

»Bedeutet das, dass der Mann an der Spitze der Respektspyramide steht?«, will ich wissen.

»Ja«, sagt Abeba. »Der Vater ist das Oberhaupt. Das, was er sagt, gilt. Die Mutter hat die Aufgabe, zwischen dem Vater und den Kindern zu vermitteln. Jeder hat in der Familie seine Rolle, und jeder respektiert den anderen dafür.«

Ich muss schmunzeln. In Deutschland würde wohl kaum eine Mutter behaupten mögen, dass der Mann das Oberhaupt der Familie ist. Aber auch wenn es hierzulande anders gewünscht und gelebt wird: Es ist ein System, das zumindest bei Abeba funktioniert, und zwar weil es, wie sie sagt, dazu führt, dass zwischen allen Familienmitgliedern Respekt herrscht.

»Selbst ein Baby muss respektiert werden«, versucht mir Abeba zu erklären. »Zumindest ab dem Zeitpunkt, an dem das Baby ein Jahr alt ist, respektieren wir es genauso wie einen Erwachsenen. Was nicht heißt, dass es die gleichen Rechte und Pflichten hat. Aber es wird genauso respektiert.«

Wenn die Respektspyramide das äthiopische Modell ist, dann haben wir in Deutschland oder vielleicht generell in Europa eher das partnerschaftliche Modell. Das zumindest meint der deutsche Kinderpsychiater Michael Winterhoff, der davon überzeugt ist, dass dieses Modell dazu führt, dass junge Menschen heutzutage in einem frühkindlichen Narzissmus stecken bleiben und zu wenig Respekt vor Erwachsenen haben. Bei einem partnerschaftlichen Erziehungsmodell würden aus den Kindern gleichberechtigte Partner gemacht, so Winterhoff. Dies überfordere aber die Kinder in jeder Hinsicht und entsprechend dysfunktional würden sie dann darauf reagieren.

Abeba erzählt mir, wie schwierig es immer wieder für sie ist, mit den Gepflogenheiten hier in Deutschland zurechtzukommen. In das Geschäft, in dem sie arbeitet, kommen häufig ältere Menschen. Zu denen sei sie immer besonders freundlich und hilfsbereit. So sei sie nun einmal erzogen. Das Problem sei aber, dass die Menschen hier ihre Hilfe oft gar nicht wollten, manchmal sähen sie es sogar als Beleidigung an, wenn man ihnen besonders freundlich entgegenkommen will.

»In Äthiopien helfen auch heute noch die Jüngeren immer den Älteren. Auch wenn eine Frau, sagen wir, gerade mal dreißig Jahre alt ist und eine Tüte trägt – ein Kind, das sie sieht, würde sofort auf die Frau zulaufen und ihr die Tüte abnehmen.«

Ich muss insgeheim an unsere Reise nach Namibia vor ein paar Jahren denken. Wir waren damals mit unseren zwei Töchtern dort, die sechs und vier Jahre alt waren. Wir hatten uns mit einer Kenianerin angefreundet, die zwei Söhne hatte, die beide in ähnlichem Alter waren wie unsere Kinder. Es hat mich damals sehr beindruckt, wie höflich die Kinder mit ihrer Mutter umgegangen sind und wie verantwortungsvoll sie untereinander waren. Nie werde ich folgende Szene vergessen: Wir wollten gemeinsam zum Strand gehen. Meine älteste Tochter marschierte wie immer einfach los, ohne sich umzudrehen. Der jüngere Sohn der Kenianerin hingegen nahm sofort unsere Jüngste an die Hand und der ältere nahm wiederum seinen Bruder an die Hand. Wie wenig zuvorkommend und verantwortungsbewusst unsere Tochter im Vergleich zu diesen Kindern doch war! In der Tat gestand mir die kenianische Mutter in einem Gespräch über den Unterschied zwischen deutschen und afrikanischen Kindern einige Tage später, wie befremdet sie über den Egoismus und die Respektlosigkeit deutscher Kinder sei, denen sie hier in Namibia begegne.

»Ich möchte meine Kinder dazu erziehen, an andere zu denken«, erklärt mir Abeba. »Das hat nichts mit stumpfen Regeln zu tun, es muss von Herzen kommen. Wenn ich zum Beispiel nach einem langen Arbeitstag nach Hause komme, gekocht und den Tisch gedeckt habe, mich dann hinsetze und mein Sohn mich fragt, ob ich einen Apfelsaft für ihn aus der Küche holen kann, dann sehe ich ihn an und frage ihn: › Weißt du, wo ich den ganzen Tag gewesen bin?‹ Dann frage ich ihn, ob er sich vorstellen kann, wie müde ich nach der Arbeit bin, und ob es nicht besser wäre, wenn er mich fragen würde, was er für mich tun kann. Wir haben zu Hause auch immer daran gedacht, was wir für unsere Eltern tun können. Ich glaube, dass Kinder glücklich sind, wenn sie etwas für andere tun können. Ich denke, man kann und muss von den Kindern Mitgefühl einfordern.«

Abeba erzählt mir, dass sie vor Kurzem geweint habe, weil sie ihre Mutter so sehr vermisst. Ihre Kinder fragten sie daraufhin, warum sie nicht hinfliegen könnten. Abeba musste ihnen erklären, dass ein Flugticket für alle vier sehr teuer ist und sie sich das im Moment nicht leisten können. Da seien die Kinder sofort aufgesprungen, zu ihren Sparschweinen gelaufen und hätten angeboten, ihr ihr ganzes Geld zu geben.

»Das hat mich sehr gerührt. Da habe ich gedacht, Abeba, da hast du in der Erziehung etwas richtig gemacht. Aber wenn wir in Äthiopien leben würden, wäre es einfacher, den Kindern Respekt beizubringen. Dort würden die Kinder einfach sehen, wie die anderen Kinder es machen.«

In Deutschland sei es schwieriger, ihren Kindern eine äthiopische Erziehung angedeihen zu lassen. Kinder hätten hier einfach zu wenig Respekt vor ihren Eltern, findet sie. Das färbe natürlich auch auf ihre eigenen Kinder ab.

Ich frage Abeba, wie sie damit umgeht, dass sie hier in Deutschland ihre Erziehungsprinzipien weniger gut durchsetzen kann als in ihrem Heimatland.

Sie erzählt mir von ihrem Sohn, der vor zwei Jahren ziemlich aufsässig war. Sie wusste sich nicht zu helfen und habe ihn daher immer wieder angeschrien. »Doch alles, was dabei herauskam, war, dass er dann auch zurückschrie. Da habe ich mir dann gesagt: ›Stopp! So geht das nicht!‹ Ich musste mir etwas einfallen lassen.«

Damals habe sie gelernt, besser damit umzugehen und vor allem selber ruhig zu bleiben. »Wenn er etwas falsch macht, dann erkläre ich es ihm, und zwar so lange, bis er es versteht. Ich habe gemerkt: Wenn ich ruhig bleibe, dann tut er es auch. So verrückt es klingt, ich bin dankbar dafür, dass mir der Himmel ein schwieriges Kind gegeben hat, mit dem ich das lernen konnte.«

Unwillkürlich muss ich an den bekannten Psychologen Jens Corssen denken, der in seinen Vorträgen und Seminaren dafür plädiert, aus stressigen Situationen Selbstbeherrschung zu lernen. Von ihm stammt folgende Geschichte: »Sie sind auf dem Weg zu einer wichtigen Sitzung und sitzen in einem Auto, das mitten auf der Straße plötzlich den Geist aufgibt. Wahrscheinlich sind Sie stinksauer. Als Sie erfahren, dass es noch zwei Stunden dauern wird, bis der ADAC kommt, schlagen Sie aus Verzweiflung mit Ihrem Fuß gegen den Reifen und tun sich auch noch weh. Sie fühlen sich hilflos, in die Ecke gedrängt und wütend. Was sollen Sie jetzt bloß tun?« Anstatt sich nun auf die Ohnmacht zu konzentrieren und sich als Opfer der Situation zu sehen, schlägt er vor, die Situation, so wie sie ist, anzunehmen, um aus ihr zu lernen. »Statt mit dem Fuß gegen den Reifen zu treten, sagen Sie lieber: ›Danke, Situation, du bist mein Coach!‹« Denn, wie Corssen sagt, »wenn Sie sich über negative Situationen aufregen, regen Sie sich über das Leben selbst auf.«

Sein Fazit lautet: »Negative Situationen gehören genauso zum Leben wie positive. Alles, worauf es ankommt, ist, daraus zu lernen. So wie der Samuraikrieger – der dem Leben mutig entgegensteht und dessen gute Haltung dafür verantwortlich ist, dass er das Leben gut meistert.«

Wenn etwas in unserer Kindererziehung nicht so klappt, wie wir es uns vorgestellt haben, dann bringt uns das – gelinde gesagt – mindestens so sehr aus der Bahn wie ein kaputtes Auto. Wenn Abeba also nachträglich sagt, sie sei dankbar für Schwierigkeiten, weil sie dadurch gelernt hat, innerlich ruhig zu bleiben, dann ist das ein schönes Beispiel für die Corssen'sche Samurai-Taktik. Sollten nicht alle Eltern ein bisschen so sein wie ein Samurai?

## Abebas Erziehungstipps

1. Bringe deinen Kindern bei, an andere zu denken.
2. Sorge dafür, dass innerhalb der Familie jeder respektiert wird.
3. Wenn du im Laufe deiner Erziehungsarbeit in eine schwierige Situation kommst, dann denke daran, cool wie ein Samurai zu bleiben.

# 10 Cornelia aus der DDR, oder: Kroklokwafzi? Semememi!

Meine heutige Gesprächspartnerin kommt aus einem Land, das es nicht mehr gibt: der DDR. Erziehung in der DDR bedeutete vor allem die Vermittlung marxistisch-leninistischer Werte. Daher spielte Erziehung für die Politik eine immens große Rolle. Durch den totalitären Anspruch der SED war Erziehung in der DDR auch immer Staatserziehung, also Erziehung zum und für den Staat. Schulen und Lehrpläne wurden streng vom Staat kontrolliert und dominiert. Entsprechend wichtig war es, dass Kinder von klein auf in staatlichen Einrichtungen betreut wurden. Auch Cornelia kam mit sechs Wochen in die Krippe, dann folgten Kindergarten und Hort.

Nur wer – wie es Margot Honecker einmal formulierte – zu einer »allseitig harmonisch entwickelten sozialistischen Persönlichkeit« erzogen war, konnte auch zur schönen neuen sozialistischen Welt beitragen. Die Ideologie, die der Erziehung in der DDR zugrunde lag, war die Orientierung am neuen Menschen, der vor allem als Kollektivmensch verstanden werden sollte. Für heutige Ohren hört sich das nicht gerade einladend an. Und doch: Liest man heute, was in den zehn pädagogischen Kongressen von 1946 bis 1989[10] erarbeitet wurde, muss man zugeben, dass sich nicht alles, was dort steht, schlecht anhört: Da ist von humanistischen Tugenden die Rede, von Völkerverständigung, Weltfrieden und von Chancengleichheit.

Dass dieser Staat eine Diktatur war, die darauf bedacht war, ihre Ideologie um jeden Preis bei allen Bürgern zu implementieren, war Cornelia natürlich in ihrer Kindheit und Jugend nicht bewusst. Da war das Leben nun mal so, wie es war, sagt sie. Und als sie siebzehn war, fiel die Mauer.

»Ich bin auf dem Land aufgewachsen. Neben dem Haus war eine große Wiese und daneben ein großer Spielplatz mit einem Bolzplatz und einem großen Kletterturm – das war alles. Nicht viel, aber uns hat es gereicht. Wir waren viel draußen und haben viel gespielt. Meine Mutter war, wie die meisten Frauen, berufstätig, der Staat hat sich sehr viel um die Kinder gekümmert. Erst später wurde mir klar, dass dies nicht nur aus, sagen wir mal, ›Nettigkeit‹ gegenüber den Müttern war, sondern deshalb, weil der Staat über die Erziehung wachen wollte.«

Trotzdem sei sie dafür, dass der Staat Krippen für Eltern bereitstellen sollte. Sie selbst sei als berufstätige Mutter schließlich darauf angewiesen, in dieser Hinsicht unterstützt zu werden. In die Krippe kam ihre Tochter allerdings nicht mit sechs Wochen, sondern mit sechs Monaten.

»Die waren toll«, sagt sie. »Sie haben meiner Tochter beigebracht, wie man isst, wie man trocken wird, und haben sich immer liebevoll um sie gekümmert.«

Dieser Erfahrung kann ich mich nur anschließen. Auch meine drei Kinder waren in einer Kinderkrippe, wo sie überaus liebevoll betreut wurden. Die Diskussion um das Für und Wider von Kinderkrippen ist in Deutschland immer wieder ein Thema, das nicht ohne Vehemenz debattiert wird. Gegner der Krippe sind davon überzeugt, dass kleine Kinder, die früh in einer Einrichtung betreut werden, eine Art Trauma erleiden und dadurch eine weniger gute sozio-emotionale Kompetenz entwickeln können. Die Mütter werden als Karrierefrauen denunziert, die das Wohl ihrer eigenen Kinder hintenanstellen, um sich selbst zu verwirklichen.

Gerade deutsche Mütter leiden im europäischen Vergleich am meisten an Schuldgefühlen, wenn ihre Kinder von anderen Menschen betreut werden. Daran ist sicherlich auch das in Deutschland immer noch stark vorhandene Idealbild der guten, aufopfernden Mutter schuld, die Barbara Vinken[11] so treffend beschrieben hat.

Doch es gibt auch wissenschaftliche Studien, die zeigen, dass Fremdbetreuung keine negativen Folgen hat. So kamen etwa in einer groß angelegten, über fünfzig Jahre währenden Studie Entwicklungspsychologen in Minnesota zu dem Schluss, dass Kinder, die in Krippen und Kitas waren, bei Intelligenztests besser abschnitten, seltener aggressiv und weniger ängstlich waren als Kinder, deren Mütter nach ihrer Geburt zu Hause blieben.

Auch die Psychologin Lieselotte Ahnert, die sich auf das Thema Kita und Fremdbetreuung spezialisiert hat, weist darauf hin, dass in der Menschheitsgeschichte Kinder immer auch von anderen Personen betreut wurden als von der eigenen Mutter, da diese stets auch andere Aufgaben zu meistern hatte. Für sie stellt sich weniger die Frage, ob das Kind fremdbetreut wird, sondern vielmehr, wie oft und unter welchen Bedingungen. Sie plädiert dafür, die gesellschaftliche Akzeptanz einer geteilten Erziehung in Deutschland zu erhöhen und darauf zu achten, dass die Betreuung kompetent, aber vor allem liebevoll ist.

»Man muss sich die Einrichtung ansehen und sich hundertprozentig gut fühlen damit«, sagt Cornelia. »Nur wenn sich das Kind absolut wohlfühlt, kann man selbst beruhigt sein.«

Cornelia hat noch zu DDR-Zeiten eine Ausbildung als Erzieherin begonnen. Eine ihrer Ausbilderinnen hat sie dabei besonders inspiriert. Sie war nicht nur der Meinung, dass Kinder nur dann etwas lernen, wenn sie Spaß an der Sache haben, sondern dass man auch grundsätzlich bei der Erziehung den Spaß nicht vergessen sollte.

»Nicht immer nur das machen, was ›pädagogisch wertvoll‹ ist«, sagt Cornelia. »Das war ihre Botschaft an uns. ›Macht auch mal Quatsch. Nonsens. Zum Beispiel in Form von Quatschgedichten.‹« Die lese sie regelmäßig ihrer heute achtjährigen Tochter vor. Wie etwa »Das große Lalula« von Christian Morgenstern.

*Kroklokwafzi? Semememi!*
*Seiokrontro – prafriplo:*
*Bifzi, bafzi; hulalemi:*
*quasti basti bo...*
*Lalulalulalulalu la!*

Vielleicht könnten wir alle ein wenig mehr Quatschgedichte vertragen, leben wir doch heutzutage allzu sehr nach dem Prinzip, immer nur das zu tun, was nützlich ist. Wer sich über Nonsensgedichte freut, schlägt dem ein Schnippchen. Und: Sind die glückserfüllten Momente nicht diejenigen, in denen etwas Unerwartetes passiert? Etwas, das unter Nützlichkeitsaspekten völlig nutzlos ist?

Ich frage Cornelia, was sie als Erziehungsprofi empfiehlt, wenn es Probleme gibt. Hat sie bestimmte Tricks auf Lager? Cornelia zuckt mit den Schultern.

»Vielleicht, dass man Kinder ernst nehmen soll. Man kann sich als Erwachsener ja gar nicht vorstellen, welch große Dramen sich in einem kleinen Kinderleben im Kindergarten oder in der Schule abspielen können. Aus Erwachsenensicht ist das alles läppisch, aber für ein Kind kann eine kleine Sache eine sehr große Auswirkung haben, da lohnt es sich, genau zuzuhören.«

»Das Zweite ist, dass ich als Mutter die Erfahrung gemacht habe, dass man viele Dinge auch im ruhigen Gespräch regeln kann. Sich aufzuregen hilft in der Regel wenig. In manchen Situationen gibt es nur eines: abwarten.«

Cornelia und ich kommen auf jene Momente zu sprechen, in denen wir einer bestimmten Situation hilflos ausgeliefert waren. Im Rückblick können wir darüber herzhaft lachen, auch wenn wir wissen, dass uns damals selbst alles andere als zum Lachen zumute war. Momente wie diese etwa: Cornelia ist auf Shoppingtour für Weihnachtsgeschenke, sie ist komplett vollgepackt, und ihr Kind weigert sich, auch nur einen Meter weiter alleine zu gehen, weil es getragen werden will. Kann es noch schlimmer kommen? Ja, es kann. Es beginnt in Strömen zu regnen.

»Wie schrecklich«, sage ich. Dann müssen wir beide lachen. »Da fällt mir auch etwas ein«, beginne ich von meinem unvergessenen Erlebnis beim Klamotteneinkaufen zu erzählen. »Es war an einem Samstag. Die ganze Stadt war auf den Beinen und kaufte ein. Ich brauchte dringend ein Sommerkleidchen für meine Tochter, die gerade zwei Jahre geworden war. Also gingen wir zu Zara. In meiner rechten Hand trug ich zwei dicke Taschen, auf meinem linken Arm ihre vier Monate alte Schwester. Plötzlich sah meine zweijährige Tochter ein absolut geschmackloses Top mit absolut geschmacklosen rosafarbenen Pailletten, die sie unbedingt haben wollte, die ich aber natürlich auf keinen Fall kaufen wollte. Erst weinte sie leise, dann kippte das Weinen in Schreien, und ehe ich mich versah, hatte sie einen regelrechten Tobsuchtsanfall. Sie schrie, lief rot an und dann pinkelte sie auf den Boden. Ich erstarrte vor Schreck. Ich hatte das Gefühl, dass mich der gesamte Laden in diesem Moment ansah. Kurz darauf kam eine Verkäuferin. Sie murmelte irgendetwas Unfreundliches und drückte mir einen Wischmopp in die Hand. Mir war so heiß, das kleine Baby auf meinem Arm wog plötzlich fünfzig Kilo und ich wollte einfach nur raus aus dem Laden.«

Wetten, dass auch Sie großartige Geschichten des Scheiterns auf Lager haben?

## Cornelias Erziehungstipps

1.  Hab keine Angst, dein Kind in eine Krippe zu geben. Wenn du eine Krippe findest, die dich überzeugt, dann hab Vertrauen, dass dein Kind dort kompetent und liebevoll umsorgt wird.
2.  Nimm dein Kind ernst und hör gut zu, es hat vielleicht Nöte, die es heimlich belasten.
3.  Vergiss nicht, auch mal etwas absolut Nutzloses mit deinem Kind zu machen, wie zum Beispiel Quatschgedichte zu lesen.

# 11 Familie Singh aus Nordindien, oder: Fragen Sie Ihre eigenen Eltern!

Heute treffe ich mich zum ersten Mal mit einem Vater, Herrn Singh. Seine Frau sei mit dem kranken Kind zu Hause, daher sei er gekommen. Aber es sei – so fügt er hinzu – ohnehin egal, da er und seine Frau die Kinder (zwei Söhne im Alter von fünf und eineinhalb) erstens beide und zweitens nach den gleichen Prinzipien erziehen würden.

»Ist das ungewöhnlich für eine indische Familie?«, frage ich.

»Ja«, sagt Herr Singh und lacht. »In Indien ist die Frau zu Hause, und der Mann arbeitet. Er hilft daher weitaus weniger bei der täglichen Kindererziehung als ich.« Für Herrn Singh ist es allerdings ganz normal, sich in die Erziehung mit einzumischen und mitzuhelfen.

»Bei meinen Eltern war das übrigens auch so«, ergänzt er.

Diese ungewöhnliche Praxis hat mit Herrn Singhs Religion zu tun. Herr Singh und seine Frau gehören nämlich der Glaubensgemeinschaft der Sikhs an, zu der in Indien etwa 27 Millionen Menschen zählen. Im Gegensatz zum Hinduismus ist der Sikhismus eine monotheistische Religion. Als Reformbewegung im 15. Jahrhundert aus dem Hinduismus hervorgegangen, ist es das Ziel des Sikhismus, ohne Aberglaube auszukommen und Religion im Alltag praktisch lebbar zu machen. Auch in Deutschland leben im Übrigen etwa

25 000 Sikhs. Die Männer erkennt man vor allem daran, dass sie einen Turban tragen. Die Haare darunter sind lang. Nicht nur Herr Singh heißt »Singh«, auch die anderen Männer tragen diesen Nachnamen, der übersetzt »Löwe« bedeutet. Für die Sikhs sind Brüderlichkeit, Ehrlichkeit, Solidarität und die Überzeugung, dass man auch Nichtgläubigen brüderlich begegnen muss, zentrale Werte. Dazu kommt die Überzeugung, dass die Frau genauso respektiert werden muss wie der Mann.

Herr Singh scheint ein perfekter Repräsentant dieser Religion zu sein. Er hat einen freundlichen und offenen Blick. Er ist selbstbewusst und gleichzeitig bescheiden. Herr Singh erklärt mir, dass sein ältester Sohn auch regelmäßig zum Sikh-Tempel in München geht. Einen Turban hat er auch schon, einen sogenannten »Patka«, einen schwarzen Turban, der die darunterliegenden langen Haare verdeckt und der jeden Morgen neu gebunden werden muss. Den richtigen Turban, den sogenannten »Dastar«, bekommen die Sikh-Jungen in der Regel zwischen zwölf und sechzehn Jahren. Frauen mit einem Dastar sind eine Minderheit.

»Möglicherweise wird er das später, wenn er in die Schule geht und sieht, dass er der Einzige ist, der einen Turban trägt, irgendwie komisch finden. Wenn er ihn trotzdem behalten würde, wären wir sehr geehrt. Aber wenn er ihn abnehmen will, dann ist das in Ordnung. Wir werden das respektieren.«

Ich frage Herrn Singh, was er als den größten Unterschied zwischen der Erziehung der Kinder hier in Deutschland und der Kindererziehung in Indien ansieht.

Der größte Unterschied, sagt er, sei, dass die Generationen innerhalb einer Familie zusammenbleiben. Meist auch räumlich gesehen. Wenn sich eine Familie ein Haus leisten kann, lebt man auch gemeinsam darin. So wie in seinem Zuhause in

Indien, wo die Großeltern ganz oben und deren Kinder in den unteren Etagen lebten. Meist habe jede Familie ihr eigenes Stockwerk. Dieser Zusammenhalt mache vieles einfacher. So würde man sich nicht nur das Essenmachen, sondern auch die Kindererziehung teilen.

»Die Großeltern spielten bei uns eine sehr wichtige Rolle. Wenn wir Kinder etwas brauchten, dann hatten wir nicht nur unsere Mutter, an die wir uns wenden konnten, sondern auch unsere Großeltern.«

Herr Singh erzählt mir, wie seltsam es war, als er feststellte, dass die meisten Kinder in Deutschland mit achtzehn Jahren auszogen. »In Indien«, so sagt er, »wäre das undenkbar. Man *will* zusammenbleiben.«

Indische Eltern haben einen wesentlich größeren Einfluss auf ihre Kinder als deutsche Eltern. Sie entscheiden, wen die Kinder heiraten und welchen Beruf sie wählen. Auch seine eigene Ehe sei selbstverständlich arrangiert worden, und das sei auch gut so, sagt Herr Singh, denn: »Unsere Ehen halten länger.«

Ich frage ihn, ob man als Kind oder junger Erwachsener in dieser Sache ein Mitspracherecht habe. Herr Singh nickt. Bei ihm sei es so gewesen, dass es mehrere Familien mit Töchtern gab, die er dann besucht habe, genauso wie seine Frau auch mehrere Männer zur Auswahl gehabt hätte. Allerdings sei das nicht bei allen Familie so, fügt er hinzu. »Manche Familien lassen ihren Kindern keine Wahl. Da müssen sie sich dann fügen.«

Was Herr Singh an seinem Land kritisiert, sei die unmenschliche Praxis, weibliche Föten abzutreiben, weil viele Familien nach wie vor nur Söhne als Kinder haben möchten. »Dies hat traurigerweise einen Grund«, erklärt er. »Und zwar die Mitgift. Die Geschenke, die man seiner Tochter und der Familie ihres Bräutigams machen muss, seien so groß, dass jede Familie, sobald eine Tochter geboren wird, anfängt zu sparen.«

Er und seine Frau hätten sich jedenfalls genauso über ein Mädchen gefreut. Bekommen haben sie zwei Jungen.

»Sind indische Eltern strenger als deutsche?«, will ich wissen.

Herr Singh lacht.

»Auf jeden Fall. Wenn ein Kind etwas Falsches macht, dann sagen wir es ihm auch. Wenn zum Beispiel unsere beiden Söhne Streit haben, versuchen wir herauszufinden, wer Schuld hat. Ich denke, es ist wichtig, dass Kinder einsehen, wenn sie etwas falsch gemacht haben.«

Unwillkürlich muss ich an die Geschichte einer Freundin denken, die mir erzählt hat, wir ihr Sohn im Kindergarten mehrfach von zwei Jungs auf den Kopf geschlagen wurde. Als sie die Erzieherinnen aufsuchte, sagten diese ihr, dass es in der Erziehungsphilosophie ihres Kindergartens »keine Opfer und keine Täter gäbe«. Meine Freundin hat daraufhin ihren Sohn aus der Kita genommen.

Ich frage Herrn Singh, ob ihm noch weitere Unterschiede zwischen indischer und deutscher Erziehung einfallen. »Die Nähe«, sagt er. »Für uns ist es zum Beispiel ganz normal, dass sich unser fünfjähriger Sohn heute noch gerne von seiner Mutter füttern lässt.« Er weiß, dass deutsche Eltern das seltsam finden. »Aber in Indien«, sagt er, »würde an dieser Intimität niemand Anstoß nehmen. Im Kindergarten isst er ganz normal mit Messer und Gabel«, lacht er. »Da weiß er, dass er das zu tun hat.«

Andererseits bewundere Herr Singh, dass die deutschen Kinder so unabhängig seien. Sie würden bei anderen Familien übernachten und keine Angst haben, auch mal keine Mama in ihrer Nähe zu haben. Indische Mütter, so Herr Singh, halten ihre Kinder oft in psychischer Abhängigkeit.

Ich frage Herrn Singh, wie er und seine Frau mit der geschwisterlichen Rivalität umgehen.

»Als unser zweiter Sohn geboren wurde, haben wir unsere Eltern gefragt. Das machen wir immer, wenn wir Erziehungsprobleme haben. Schließlich haben Generationen vor uns auch schon dieselben Probleme gehabt. So sehr ändert sich der Mensch ja nicht. Also macht es doch Sinn, die Großeltern zu fragen.«

Die Großeltern hätten ihnen geraten, den Sohn beiseitezunehmen und ihm zu sagen, dass jetzt eine große Aufgabe auf ihn warte, da er mit für den kleinen Bruder verantwortlich sei. Das habe wunderbar geklappt. Der ältere Bruder war richtig stolz auf seinen neuen Job und habe ihn sehr ernst genommen. Er habe seinen kleinen Bruder gewickelt und sei bis heute sehr fürsorglich.

Ich frage Herrn Singh, was er seinen Kindern mitgeben möchte.

»Dass sie gute Menschen werden. Ehrlich und aufrichtig. Dass sie Karriere machen, ist nebensächlich. Das ist unsere feste Überzeugung.«

Zum Schluss frage ich Herrn Singh, was seine Frau tut, wenn es Probleme mit den Kindern gibt. Wenn sie bockig sind oder nicht gehorsam.

»Bei uns gibt es immer nur die eine Methode: Wir ignorieren das Kind dann. So lange, bis es seinen Fehler einsieht und sich entschuldigt.«

Ich denke daran, wie oft ich gelesen oder gehört habe, dass man Kinder auf keinen Fall durch Ignoranz bestrafen soll, weil sie das als Liebesentzug begreifen. Kann es sein, dass das Ignorieren auch eine positive Seite hat? Ich muss an meine Oma denken, zu der ich ein extrem inniges und liebevolles Verhältnis hatte. Auch sie zog sich, wenn ich sie mal geärgert hatte, zurück und »ignorierte« mich. Interessanterweise habe ich das nie als Liebesentzug empfunden, sondern eher als ein aufrichtiges Zeichen ihrer verletzten Gefühle. In dieser Leere, mit der ich plötzlich konfrontiert war, und ohne ein Gegenüber, auf das ich wütend sein konnte, hatte ich die Zeit und den Raum, über meine Taten oder das, was ich gesagt hatte, nachzudenken.

## Familie Singhs Erziehungstipps

1. Wenn du Probleme hast, dann frag deine eigenen Eltern danach, wie sie es gemacht haben. Man muss nicht in jeder Generation alles neu erfinden.
2. Wenn dein Kind ein Geschwisterkind bekommt, dann bestärke es darin, dass es für das Wohlergehen des Kleinen eine (Mit-)Verantwortung trägt.
3. Wenn dein Kind einen Fehler gemacht hat, gib ihm die Zeit und damit den Raum, über sein Tun nachzudenken.

# 12 Charlotte aus Kanada, oder: Jedes Kind ist ein einzigartiger Kristall

Charlotte ist in einem ruhigen Vorort von Ottawa aufgewachsen. Die Firmenberaterin lebt seit ihrer Hochzeit mit einem Deutschen vor fünfzehn Jahren in einem Vorort von München. Ihre drei Kinder sind dreizehn, elf und fünf Jahre alt. »Ich habe die ganze Palette zu Hause«, sagt sie und lacht. »Vom tobenden Kleinkind bis zum pubertierenden Teenager.«

Charlotte ist ein fröhlicher Mensch mit lebhaften blauen Augen, deren Lachen ansteckend wirkt. Ich frage sie, welche Unterschiede ihr zwischen kanadischer und deutscher Erziehung bisher aufgefallen sind. Sie zögert keine Sekunde. »In Kanada ist es ganz normal, dass eine Frau mit Kindern weiter berufstätig ist. Entsprechend gut sind wir mit Krippen und Kindergärten ausgestattet. Deutschland macht es den Frauen nicht so leicht zu arbeiten, was ein echtes Problem ist, wie ich finde.«

Das Zweite, was Charlotte im Laufe ihrer Jahre hier aufgefallen ist, ist der unterschiedliche Umgang mit Kritik.

»Mit Kritik?«

»Ja, Kinder werden in Deutschland ziemlich oft und ziemlich direkt kritisiert. Wir in Kanada machen das anders. Wir würden zum Beispiel nie sagen: ›Das hast du aber schlecht ausgemalt, du bist über die Linien gekommen.‹ Wir würden sagen: ›Das hast du prima gemacht, besonders die Farben sind toll.

Warum versuchst du nicht, das nächste Mal ein wenig mehr innerhalb der Linien zu bleiben?‹«

Das System des sogenannten »positive reinforcement«, also der positiven Verstärkung, ist in der Tat in angloamerikanischen Ländern weit verbreitet. Ursprünglich aus der behavioristischen Psychologie entwickelt, steht bei dieser Erziehungsphilosophie die Überzeugung im Zentrum, dass Kinder besser auf positive Botschaften und Ermutigungen reagieren als auf negative Bewertungen und durch positive Bestätigung durch Eltern, Großeltern und Lehrer oder Kindergärtnerinnen nicht nur mehr Selbstbewusstsein entwickeln, sondern auch stärker motiviert sind.

Auf der US-amerikanischen Internetseite care.com, einer bedeutenden Internetzeitschrift mit 28,4 Millionen Abonnenten, können Eltern nachlesen, wie sie mit dem System der positiven Verstärkung arbeiten können. Doch auch wenn dieses System in der Lebenswelt vieler Amerikaner oder Briten fest verankert ist, gibt es auch Kritik aus den eigenen Reihen. Einer der lautstärksten Kritiker ist der US-Autor und Erziehungsexperte Alfie Kohn. In seinem 2001 in der Zeitschrift *Young Children* publizierten Artikel »Five reasons to stop saying ›good job‹« plädiert er für das Ende der Lobkultur. Für Kohn steckt hinter dem System der positiven Verstärkung eine bevormundende Haltung, welche die Kinder in ihrer Selbstständigkeit eher behindert als fördert. Kinder würden, so Kohn, zu »Lob-Junkies« werden, die ständig auf Lob – und damit auf Bewertung von außen – warten. Es wäre aber wichtiger, aus sich selbst heraus Freude zu empfinden und Stolz zu fühlen, wenn sie etwas geleistet hätten. Auch bestehe die Gefahr, dass »Lob-Junkie-Kinder« schneller das Interesse an Aktivitäten verlieren – vor allem wenn keine Erwachsenen präsent seien und ihre

Aktivitäten unbeobachtet blieben. Eine weitere Gefahr bestehe darin, so Kohn, dass das ständige Lob des sich Mühe-Gebens die Leistung selbst entwertet. Außerdem würde das System der »positiven Bestätigung« immer nur sichtbare und messbare Leistungen bewerten. »Unsichtbare« Handlungen, wie etwa empfundenes Mitgefühl oder dergleichen, würden dabei nicht gewürdigt. Dies führe dazu, dass Kinder sich angewöhnten, vor allem besonders sichtbare Taten zur Schau zu stellen, weil sie wissen, dass sie (nur) dafür Lob bekommen.

Um die Krankheit des permanenten »Well done!«, also des »Gut gemacht!«, auszurotten, empfiehlt Kohn den Kindern, deren Eltern, die sie mal wieder mit einem »Gut gemacht!« gelobt haben, im gleichen zuckersüßen Ton mit einem »Gut gelobt!« zurückzuloben. Kinder sollten, so lautet Kohns Fazit, dafür geliebt werden, wer sie *sind*, und nicht dafür, was sie *tun*.

Charlotte würde dem Letztgesagten sicher zustimmen – auch wenn sie eine entschiedene Befürworterin der »Well-done-Strategie« ist. Auch deswegen, weil sie, wie sie selber sagt, an die Kraft positiver Gedanken glaubt.

»Mutter zu sein ist nicht immer einfach. Auch ich möchte mich manchmal in die Ecke verkrümeln und weinen. Aber das bringt einen nicht weiter. Man muss jeden Tag aufstehen und zu sich selbst sagen: ›Was kann ich heute besser machen als gestern?‹ Schließlich ist Erziehung eine große Aufgabe. Ich sage immer: ›Ich *habe* keine Kinder, ich *erziehe* Kinder.‹«

Ich frage Charlotte, ob sie viele Bücher zum Thema Erziehung gelesen hat. Sie nickt heftig. »Und wie! Ich wollte doch vorbereitet sein«, sagt sie und lacht. »Ich glaube nun mal an Vorbereitung. Und an Pläne. So mache ich es ja auch in meinem Beruf. Warum sollte es zu Hause anders sein?«

Einer der Tipps, die sie einem ihrer zahlreichen Erziehungsbücher entnommen hat, ist die Sache mit dem Sternchensystem. Das geht so: Man schreibt Aufgaben für die Kinder auf einen Zettel, der an den Kühlschrank geheftet wird. Zum Beispiel: mit dem Hund rausgehen, abräumen, Spülmaschine ausräumen etc. Für jede erledigte Hausaufgabe gibt es einen Stern. Wer, sagen wir mal, zehn Sterne gesammelt hat, darf sich etwas wünschen.

»Das hat super geklappt«, erzählt sie. Wenn die Kinder etwas älter werden, muss man sich natürlich neue Dinge einfallen lassen.

»Und was zum Beispiel?«

»In einem Buch habe ich einmal über dieses Piktogramm gelesen, das man mit Jugendlichen erarbeitet, die kurz vor der Pubertät stehen. Mithilfe dieses Modells kann man dann sehr schön visualisieren, welche zusätzlichen Freiheiten, aber auch zunehmenden Pflichten man als junger Heranwachsender bekommt.«

Charlotte zeigt mir auf ihrem Handy ein Piktogramm, auf dem konzentrische Kreise zu sehen sind. Jeder Ring steht jeweils für ein Alter, das von zwölf bis achtzehn geht. Drumherum steht, wie die unterschiedlichen Pflichten und Freiheiten, wie Weggehen, Handynutzung, Feriengestaltung, Taschengeld und das weitere Schul- und Berufsleben behandelt werden sollen.

»Diese ganzen Tabellen haben wohl mit meinem Job als Beraterin zu tun«, sagt Charlotte und lacht, »da arbeite ich auch immer mit Bildern und Tabellen.« Jedenfalls kann diese Tabelle schön den Übergang vom Kind zum Erwachsenen visualisieren.

»Als mein Sohn zwölf wurde, haben wir uns gemeinsam hingesetzt und das erarbeitet. Wenn meine Tochter so weit ist, werden wir das Gleiche machen. Es ist fast schon eine Art familiärer Mini-Ritus«, sagt Charlotte.

Aber Charlottes Piktogramm ist noch nicht alles. »Im Anschluss daran haben wir einen Fünfpunkteplan als Powerpoint-Präsentation mit meinem Sohn erarbeitet.«

»Einen Fünfpunkteplan?«, frage ich ungläubig.

»Ja, wir haben gemeinsam sechs längerfristige Ziele erarbeitet, die er innerhalb der nächsten sechs Monate schaffen sollte, und zwar bezogen auf fünf Bereiche: Sport, Musik, Kochen, Kultur und Sozialgemeinschaft. Natürlich alles Ziele, die für ihn selbst wichtig waren und die er schaffen wollte. Natürlich muss man da flexibel bleiben«, sagt Charlotte. »Wenn ein Ziel zum Beispiel nicht erreicht wurde und es meinem Kind unterdessen nicht als sinnvoll erscheint, sollte man Kompromisse eingehen.«

Ich nicke. Irgendwie bin ich beeindruckt. Ich selbst wäre nie auf die Idee gekommen, Listen für und mit meinen Kindern zu erstellen, aber warum nicht? Stelle ich selbst Listen her, von banalen Einkaufslisten mit Banane, Ketchup und Milch bis hin zu heimlichen Listen mit guten Vorsätzen?

Da zu der Zeit, als ich Charlotte interviewe, Weihnachten vor der Tür steht, frage ich sie, was sie ihren Kindern zu Weihnachten schenkt.

»Ich persönlich glaube, dass es wichtiger ist, Dinge zu tun, als sie zu haben. Entsprechend schenke ich den Kindern lieber Dinge, mit denen sie selbst aktiv werden können. Also, lieber einen Gutschein für ein Skifahr-Wochenende als ein neues Handy.«

Charlotte ist in einem ehemals von puritanischen Siedlern geprägten Teil Kanadas aufgewachsen. Dies zeigt sich durchaus auch an ihrer Erziehungsmethode, die viel Wert auf Selbstinspektion und Transparenz legt, wie etwa an ihrem »high and low«-Ritual. Jeden Abend erzählt jedes Familienmitglied am Tisch über ein schönes und ein weniger schönes Erlebnis vom Tag, also ein »high-« und ein »low-Erlebnis«.

»Ich habe die Erfahrung gemacht, dass, wenn man Kinder einfach fragt, wie ihr Tag denn so war, man nur ein gemurmeltes › Schön‹ zurückbekommt. Über dieses einfache Ritual aber kommen die Kinder ins Sprechen. Außerdem lernen sie dabei noch das Zuhören. Denn jeder muss warten, bis er an der Reihe ist.«

An dieser Stelle muss ich an den »Rede-Stein« denken, von dem mir meine Freundin Nicola einmal erzählt hat. Ein schöner großer runder Stein, der von Hand zu Hand wandert. Nur der, der ihn in der Hand hält, darf sprechen. Auch so kann solch ein Familienritual aussehen.

»Wie gehst du mit Rivalität zwischen deinen Kindern um?«, frage ich Charlotte.

»Zunächst lasse ich sie ihre Gefühle ausdrücken. Jeder hat ein Recht darauf, wütend zu sein. Ich meine, Erwachsene sind ja schließlich auch manchmal wütend. Warum gestehen wir das also nicht auch unseren Kindern zu? Da darf auch mal eine Tür zugeknallt werden. Das Einzige, worauf ich achte, ist, dass sie nicht verletzend werden. Sätze wie › Du bist so blöd‹ oder dergleichen sind Sätze, die einen anderen Menschen verletzen. Da gehe ich dann schon dazwischen und mache ihnen das klar. Vor allem aber versuche ich ihnen immer wieder zu zeigen, dass jeder von ihnen ganz einzigartig ist und es daher auch keinen Grund gibt, auf irgendetwas, was der andere hat oder kann, neidisch zu sein. Manche können bestimmte Dinge besser und anderes dafür nicht so gut. Aber das ist auch gut so, denn das macht ihre Einzigartigkeit aus. Auch hierfür habe ich mit den Kindern ein Bild erarbeitet.«

Dann erzählt mir Charlotte von ihrem »Begabungskristall«.

»In der Mitte ist ein Kreis, der für das Kind steht. Dann malen wir Sonnenstrahlen, die von dieser Mitte ausgehen. Jeder Strahl steht für eine Begabung. Je länger der Strahl ist, desto stärker ist die Begabung ausgeprägt. Wenn man hinreichend viele Kriterien formuliert, also etwa mathematisches Denken, Geschichten erfinden, malen, kochen, basteln, ein Musikinstrument spielen, singen, und dann die Spitzen der Strahlen miteinander verbindet, ergibt das ein wunderbares und einzigartiges Kaleidoskop.«

Was für eine schöne Gelegenheit, denke ich, offen mit den Kindern über ihre Begabungen zu sprechen, ohne sie zu kränken oder den einen dem anderen gegenüber hervorzuheben.

## Charlottes Erziehungstipps

1. Wenn deine Kinder zu Teenagern werden, mach ihnen klar, dass sie ab jetzt mehr Freiheiten, aber auch mehr Pflichten haben.
2. Denke daran: Auch deine Kinder haben ein Recht darauf, wütend zu sein. Sie sollten nur lernen, andere dabei nicht zu verletzen.
3. Vergleiche die unterschiedlichen Begabungen deiner Kinder ruhig. Aber mach ihnen gleichzeitig klar, dass es eben diese Unterschiedlichkeit ist, die sie einzigartig macht, so einzigartig wie ein funkelnder Kristall.

# 13 Caroline aus England, oder:
## Wenn der Finger wehtut, schneiden wir ihn eben ab.

Caroline wohnt mit ihrem Mann und ihren zwei Kindern, einem siebzehnjährigen Sohn und einer zwanzigjährigen Tochter, in einem Vorort außerhalb Münchens. Drei Katzen begrüßen mich, als ich ins Haus komme.

»Eine davon ist unsere Tageskatze«, erklärt mir Caroline, eine kleine lebenslustige Frau mit stahlblauen Augen, in perfektem Deutsch. »Das heißt, sie lebt am Tag bei uns und nachts bei ihrem Besitzer.«

Caroline ist Übersetzerin und lebt seit dreißig Jahren in Deutschland. Aufgewachsen ist sie in England, zuletzt in einem kleinen Dorf.

»Als ich und meine vier Geschwister älter wurden, zogen meine Eltern aufs Land. Das klingt vielleicht komisch, weil ja viele Eltern mit Kindern, wenn sie älter sind, wieder in die Stadt ziehen, aber bei uns war es genau andersherum. Meine Eltern wollten nämlich die Kontrolle darüber haben, wo wir waren. Dafür mussten sie uns zwar immer überall hinfahren, aber das war es ihnen wert. Meine Mutter hat viel Wert auf Disziplin und Gehorsam gelegt.« Caroline lacht. »Meine Mutter war Lehrerin, klein, aber dafür mit einer ungeheuer lauten und einschüchternden Stimme. Ihre Schüler waren sehr von ihr beeindruckt und immer sehr gehorsam. Wie wir auch im Übrigen – ich glaube, vor allem, weil wir sie nicht schreien hören wollten.«

Erziehung in Großbritannien kann – wie in den meisten europäischen Ländern – in der Zeit vor den 60er-Jahren nach heutigen Maßstäben als streng beschrieben werden. Als typischer Verteidiger einer solchen Erziehung gilt etwa der neuseeländische Arzt Truby King (1858–1938), dessen Thesen in Bezug auf Kindererziehung und Kinderpflege bis in die 50er-Jahre hinein nicht nur in Neuseeland, sondern auch in Großbritannien eine große Wirkung entfalteten. Kings Ansicht nach lag das vornehmliche Ziel der Erziehung darin, Kinder physisch gesund und psychisch resilient zu machen. Diese Resilienz könne allerdings nur dann erreicht werden, wenn man Kinder dazu anhält, sich an Tagespläne zu halten. Anstatt auf emotionale Bindungen mit dem Kind zu setzen, sollte die Mutter lieber ihre Energie auf die Einhaltung täglicher Routinen (wie etwa der des täglichen Bades, des täglichen Essens, Schlafens und der Verdauung) verwenden. Ohne Disziplin, so King, würden Kinder später einmal zu unproduktiven und zügellosen Erwachsenen werden.

Auch in Deutschland waren in der ersten Hälfte des 20. Jahrhunderts solche Ansichten gang und gäbe. Besonders beliebt war das von der NS-Ideologie stark durchsetzte Buch der Ärztin Johanna Haarer *Die deutsche Mutter und ihr erstes Kind*, das 1939 erstmalig publiziert und auch nach 1945 immer wieder aufgelegt wurde. Darin ist zum Beispiel zu lesen: »Zu Gehorsam muss das Kind von vornherein erzogen werden. Die erste pädagogische Leistung einer denkenden Mutter ist das Nachtkapitel (…): Man halte während der Nacht vom Tag der Geburt an strenge Nachtruhe ein. Die letzte Mahlzeit ist auf 22 Uhr festgesetzt, die erste auf 5 oder 6 Uhr morgens. Wie oben gesagt, schadet ein wenig Schreien unserem Lieblinge gar nicht, und wenn er merkt, dass er in der Nachtzeit nichts erhält, dann überlegt er sich's bald und schläft die ganze Zeit durch. Inzwischen aber ruhen seine Verdauungsorgane aus, und vor allem sammelt die Mutter neue Kräfte.«

Ich muss gestehen, dass ich die Idee eines reglementierten Tagesablaufs, als ich zum ersten Mal Mutter wurde, nicht völlig reizlos fand. Ich hatte damals in der Tat versucht, mir einen Stillplan zu erstellen. Der Stillplan war genial, es gab nur ein Problem: Er funktionierte nicht. Also versuchte ich genau das Gegenteil: Meine Tochter bekam immer dann zu trinken, wenn sie Hunger hatte. In der Nacht ließ ich sie bei mir schlafen, sodass ich – wenn sie getrunken hatte – schnell wieder einschlafen konnte. Ich bin mit diesem System sehr gut gefahren und hatte damit sogar ziemlich entspannte Nächte.

Ich frage Caroline, ob sie ihre Kinder auch so streng erzieht, wie sie von ihrer Mutter erzogen worden ist. Caroline überlegt.

»Ich fürchte, dass ich das mit dem Laut-Anschreien genauso mache. Auch wenn das zugegebenermaßen einen begrenzten Erfolg hat. Aber immerhin mache ich vorher die Fenster zu, damit die Nachbarn mich nicht schreien hören«, sagt sie und zwinkert dabei.

Ich frage Caroline, was ihr in ihrer Erziehung wichtig ist.

»Ganz klar: Umgangsformen und soziale Kompetenz«, antwortet sie. »Außerdem müssen meine Kinder im Haushalt mithelfen. Erstens, weil das mein Leben erleichtert, und zweitens, weil sie das besser auf ihr eigenes Leben später vorbereitet.«

»Wie hast du es geschafft, dass die Kinder zu Hause mithelfen?«, frage ich.

»Ganz einfach«, sagt sie. Schließlich würden Kinder, wenn sie klein sind, von sich aus gern mithelfen. Das müsse man rechtzeitig ausnutzen. Sie darin bestärken und sie machen lassen. Und wenn was danebengehe, dann muss man eben ein Auge zudrücken.

Heute räumen ihre Kinder die Spülmaschine aus, saugen, ziehen die Betten ab, wischen den Boden, räumen ihre Zimmer auf und kochen. Und ihr Sohn, fügt Caroline hinzu, bäckt für sein Leben gern. Ich seufze und schaue sie voller Neid an. Das mit dem Ausnutzen der frühkindlichen Impulse habe ich wohl verpasst.

Ich frage sie, ob ihr in Deutschland in Bezug auf Kindererziehung etwas aufgefallen ist, das ganz anders ist als in England. Caroline überlegt. Dann sagt sie:

»Der britische Humor. Wir haben keine Sorge, ihn auch auf unsere Kinder anzuwenden. Als mein Sohn noch kleiner war und sich ein bisschen am Finger verletzt hatte, habe ich gesagt: ›Oh, dann sollten wir ihn wohl besser abschneiden, damit er nicht mehr wehtut.‹ Meine deutschen Freunde haben mich entsetzt angesehen, aber mein Sohn hat gelacht. Wir in unserer Familie haben alle diesen sarkastischen Humor. Humor kann in einem Konflikt wahre Wunder bewirken. Als mein Sohn einmal laut geschrien hatte, habe ich gesagt: ›Kannst du bitte noch lauter schreien, die Nachbarn ganz hinten haben dich noch nicht gehört‹, da hat er mittendrin aufgehört, mich verdutzt angesehen und dann gelacht.«

Unwillkürlich muss ich an den Sprachwissenschaftler Šklovskij denken, der in seinem Aufsatz von 1917 »Kunst als Verfahren« die These vertreten hat, dass Kunst die Aufgabe hat, den Menschen aus seinem gewohnten Trab herauszuholen, indem er ihn mit Verfremdungseffekten konfrontiert. Wenn Kindererziehung eine Kunst ist, dann ist Carolines Ironie ein klarer Fall von Verfremdungseffekt. Schließlich ist das

Ergebnis das Gleiche: Das Kind wird aus seiner normalen Wahrnehmung gerissen und muss innehalten. Und der Konflikt kann plötzlich eine ganz andere Richtung nehmen – oder ganz beendet werden.

»Was denkst du, ist dir in deiner Erziehung gut geglückt, worauf bist du am meisten stolz?«

Sie zögert keine Sekunde: »Meine Kinder sind höflich und hilfsbereit und gern gesehene Gäste. Das macht mich stolz. Denn soziale Kompetenz ist das Wichtigste. Alles andere kann man später immer noch lernen.«

Sie erzählt mir von ihrem siebzehnjährigen Sohn, dessen Noten seit einiger Zeit ziemlich schlecht sind. Trotzdem habe er sich sozial ungemein entwickelt. Er gehöre zwar zu den »coolen Jungs« aus der Klasse, habe es aber nicht nötig, sich mit ihnen jedes Wochenende zu betrinken oder Drogen zu nehmen. Er sei rücksichtsvoll und kümmere sich um andere.

»Alles andere kann man später immer noch lernen« – ich muss gestehen, mir gefällt diese Bemerkung. Und ist es nicht so, dass auch in der Arbeitswelt soziale Kompetenzen und Tugenden am Ende den Ausschlag dafür geben, ob jemand erfolgreich ist oder nicht?

Ich frage Caroline, ob ihr hier in Deutschland im Vergleich zu ihren Freundinnen zu Hause in England etwas Besonderes in puncto Erziehung auffällt. Caroline überlegt und sagt schließlich: »Ich habe das Gefühl, dass Eltern in Deutschland mit ihren Kindern oft auf gleicher Augenhöhe kommunizieren. Ich habe die Erfahrung gemacht, dass das nicht gut ist und dass die Kinder das auch nicht wollen.«

Dies hindert Caroline aber nicht daran, immer ein offenes Ohr für ihre Kinder zu haben und sich darum zu bemühen, ihnen aufrichtig zuzuhören, um zu verstehen, welche Probleme sie haben.»Ich kann das tun«, sagt sie,»und trotzdem als Mutter die Entscheidungsgewalt behalten.«

Was ihren Sohn betrifft, so komme sie bei ihm immer noch am besten mit »Deals« zurecht. Als »Währung« dient ihr dabei das Passwort für den Computer.

»Deals sind sehr wirksam bei ihm. Wenn er sich in den Haushalt einbringt oder eine gute Note nach Hause gebracht hat, darf er entsprechend länger am Computer seine Spiele spielen.«

Caroline hat kein moralisches Problem, mit ihren Kindern solche Geschäfte zu machen. In der Tat: Gehen wir nicht tagtäglich Deals mit unserer Umwelt ein?

»Bei mir funktionieren jedenfalls die Deals«, sagt sie.

Ich frage Caroline, ob sie ein Buch empfehlen kann, das ihr besonders geholfen hat. Caroline überlegt: »Ich habe viele Bücher gelesen. Aber an eines kann ich mich besonders gut erinnern, es hieß: *Jungen! Wie sie glücklich heranwachsen*[12]. Darin erklärt der Autor Steve Biddulph Müttern, dass es zwei bestimmte Momente im Leben eines Jungen gäbe, in denen er sich verstärkt männlichen Bezugspersonen zuwenden möchte und auch sollte, der eine mit etwa sechs, der andere mit etwa vierzehn Jahren. Um diese Zeit müssten die Mütter verstehen, dass es wichtig ist, ihre Söhne loszulassen.«

Genau das, sagt Caroline, habe sie mit ihrem Sohn erlebt. Und auch sie habe lernen müssen, loszulassen. Da habe es gutgetan, darüber zu lesen, dass diese Entwicklungen etwas ganz Natürliches seien, was man nicht persönlich nehmen sollte.

Zum Abschluss stelle ich Carolin eine Frage, die ich immer wieder gerne stelle. Ich frage sie danach, was sie am meisten überrascht hat, als sie Mutter wurde.

»Dass konsequent zu sein soooo anstrengend sein kann. Man muss sich gut überlegen, was man verbietet, denn wenn man es tut, muss man es durchhalten«, sagt sie und lacht.

»Und was, würdest du sagen, hast du – dadurch, dass du Mutter bist – über dich selbst gelernt?«

»Ich denke, ich habe gelernt, dass ich mehr Durchhaltevermögen habe, als ich dachte. Als Mutter muss man das haben. Man muss auch lernen, seinen Willen durchzusetzen. Dass ich diese Kraft habe, habe ich vorher nicht gewusst. Es hat mir Selbstvertrauen gegeben, auch andere Dinge im Leben zu meistern.«

Na, wenn das kein Schlusssatz ist!

## Carolines Erziehungstipps

1. Versuche es bei Streitigkeiten oder Krisensituationen mal mit dem Verfremdungseffekt, zum Beispiel mit einem ironischen Kommentar: Wenn du etwas Unerwartetes tust oder sagst, kann das dem Konflikt den Wind aus den Segeln nehmen.
2. Nimm deine Kinder ernst und höre ihnen zu – aber ohne sie zu deinen gleichberechtigten Freunden zu machen. Es ist okay, auch mal Deals anzubieten.
3. Nutze die Neugier und die Hilfsbereitschaft deiner Kinder aus, solange sie klein sind, und lass dir von ihnen im Haushalt helfen – auch wenn dabei manchmal etwas schiefgeht.

## 14 Tamara aus der Türkei, oder:
## Von der Kunst, sowohl arbeitende Frau
## als auch aufopfernde Mutter zu sein

Ich besuche Tamara zu Hause, wo ihre beiden Mädchen, Aylin, elf, und Ayse Lin, acht Jahre, mit ihren Freundinnen spielen. Wir sitzen in der großzügigen Küche, sie hat Apfelkuchen gebacken, »den mit dem Fertigblätterteig«, wie sie mir sagt. »Der geht schnell, und der Kuchen klappt immer.« Tamara arbeitet bei einer großen internationalen Firma. Nach der Geburt ihrer Kinder hat sie von fünfzig auf zwanzig Wochenstunden reduziert. Ihr Mann arbeitet Vollzeit.

»Die große Karriere war erst mal vorbei. Aber wenn man alles gut unter einen Hut bekommen will – also Arbeit und Familie –, dann muss man eben Abstriche machen. Da nutzt es nichts, sich in die Tasche zu lügen.«

Eine weitere Regel, die sie sich selbst auferlegt hat, ist die, Familie und Arbeit gut zu trennen.

»Wenn die Kinder zu Hause sind«, so Tamara, »dann ist der Laptop aus. Ich will einhundert Prozent für sie da sein. Deshalb habe ich auch keine Babysitter. Abends bleibe ich mit meinem Mann zu Hause. Aber das ist in Ordnung. Natürlich würde ich gerne auch mal ausgehen, aber das Leben ist nun mal so: Man kann nicht alles gleichzeitig haben. Da nutzt es nichts, ständig zu jammern«, sagt Tamara resolut. »Außerdem habe ich, bevor ich Kinder hatte, in meinen Zwanzigern ständig

Party gemacht und war immer auf Achse. Ich habe also nichts versäumt. Umso mehr kann und will ich jetzt ganz für die Kinder da sein. Ich denke, man könnte mich eine aufopfernde Mutter nennen«, sagt Tamara und lacht. »Das habe ich wohl von meiner türkischen Mutter geerbt. Sie hat sich völlig für uns aufgeopfert. Meine Eltern hatten nicht viel Geld. Mein Vater war Busfahrer und meine Mutter Hausfrau. Trotzdem hat es uns an nichts gefehlt. Vor allem waren wir immer tipptopp angezogen. Schließlich hatte meine Mutter eine Ausbildung als Schneiderin. Wir gehörten zwar wahrlich nicht zu den wohlhabendsten Kindern in unserer Klasse, aber dafür immer zu den am besten angezogenen.«

Ihre Erziehung sei »typisch türkisch« gewesen, sagt Tamara, die – als einzige Ausnahme in diesem Buch – in Deutschland aufgewachsen ist.

»Das heißt?«, frage ich.

»Das heißt, viel Strenge, viel Disziplin, viele Grenzen. Höhere Schulbildung war nicht wichtig, dafür aber Respekt vor den Eltern und Älteren. Und für mich als Tochter bedeutete das natürlich, dass ich vor allem dazu erzogen wurde, später einmal eine gute Hausfrau und eine gute Mutter zu sein.«

Tamara hat eine zwiespältige Beziehung zu ihrer türkischen Erziehung. Einerseits berührt es sie heute noch, wenn sie daran denkt, wie sehr sich ihre Mutter stets für sie aufgeopfert habe und immer ein offenes Ohr für ihre Probleme hatte, andererseits ist ihr bewusst, dass ihre Erziehung zuweilen allzu streng war. »Deutsche Freundinnen zu treffen oder gar bei ihnen zu übernachten war ausgeschlossen, von Geburtstagspartys bei Freunden oder gar mal mit einem Jungen auszugehen, natürlich ganz zu schweigen. Jungfräulich in die Ehe zu gehen war – wie für alle traditionellen türkischen Familien – ganz selbstverständlich.«

»Hast du dagegen rebelliert?«, will ich wissen.

»Nicht wirklich. Außerdem hatte meine Mutter ein super System, um das durchzusetzen: Sie nahm uns praktisch jedes Wochenende mit zu irgendeiner türkischen Hochzeit: So waren wir sowohl immer beschäftigt als auch mit Türken zusammen.« Tamara lacht. »Und das waren richtige türkische Hochzeiten, also nichts mit nur hundert Gästen, das waren gleich mal mehrere Hundert.«

In gewisser Weise, sagt sie, habe das auch gewirkt. Schließlich sei sie heute mit einem Türken und nicht einem Deutschen verheiratet. Andererseits habe sie ihren Mann – im Gegensatz zu ihrer Schwester etwa – selbst ausgesucht.

In der Türkei möchte sie nicht leben. Sie sei froh, dass sie ihre Kinder in Deutschland aufwachsen lassen könne. »Im Gegensatz zu meiner Mutter bin ich extrem liberal und tolerant. Meine Töchter dürfen alles. Sie dürfen die Freunde treffen, die sie wollen, sie dürfen das essen, was sie mögen. Sie dürfen sogar ins Bett gehen, wann sie wollen.«

Ich sehe Tamara erstaunt an.

»Das alles dürfen sie?«

Sie nickt energisch.

»Ich vertraue meinen Kindern. Und das sage ich ihnen auch. Wer immer nur Angst hat, dass die Kinder etwas falsch machen könnten oder dass ihnen etwas passiert, überträgt diese Angst auf die Kinder. Und das will ich nicht. Ich will, dass meine Kinder selbstbewusst und angstfrei sind.«

Ihre älteste Tochter kommt herein. Sie begrüßt mich höflich, holt ein Stück Kuchen und saust dann wieder nach oben. In der Tat, ein sportliches, selbstbewusstes Mädchen. Dass sie sehr intensiv Sport macht, sieht man ihr an. Als Hockey-Stürmerin ist sie jedes Wochenende auf Turnieren unterwegs. Das mit dem Hockey hat in der Zeit angefangen, in der Aylin in der Schule gemobbt wurde.

»Schlimm war das, diese Zeit«, erzählt mir Tamara. Aylin war damals in der dritten Klasse, als zwei Mädchen beschlossen, dass sie nirgendwo mitspielen durfte. Als Tamara das mitbekam, ging sie zusammen mit Aylin zu den zwei Mädchen und deren Müttern. »Einfach so, ohne Ankündigung. Das war ganz schön mutig von uns. Und auch wenn es nicht wirklich etwas gebracht hat, waren Aylin und ich stolz auf uns, dass wir die Mütter und ihre Töchter mit ihrem Verhalten konfrontiert haben. Wir sind dann allerdings auch zu einer Psychologin gegangen. Sie war es auch, die mir geraten hat, Aylin einen Gemeinschaftssport machen zu lassen. Etwas, bei dem sie auch mal erleben könnte, wie es ist, zu einer Gruppe dazuzugehören. Wie sich herausstellte, war es das Beste, was ich damals hätte machen können. Die Mannschaft und das Hockeyspiel sind eine ganz wichtige Sache in Aylins Leben. Sie weiß, dass sie dazugehört – egal, ob man mal einen schlechten oder einen guten Tag hat. Außerdem hat sie gelernt, auch Niederlagen einzustecken, schließlich kann keiner immer gewinnen.«

Selbst als Aylin einmal von einer Mitspielerin aus Versehen schwer im Gesicht verletzt wurde, hat es sie nicht abgehalten, weiterzuspielen. Das hat selbst Tamara erstaunt. »Sie hat sich nicht beirren lassen. Schläge einzustecken, Niederlagen zu erleben ist ein ganz normaler Teil des Lebens – das hat Aylin schon jetzt verstanden, das finde ich richtig cool.«

Beeindruckt höre ich zu, wie Tamara mir erzählt, dass ihre beiden Mädchen sich ganz selbstverständlich ihre Pausenbrote selbst schmieren, die Spülmaschine ausräumen, kochen und ihre Zimmer aufräumen.

»Wie hast du das denn hinbekommen?«, frage ich.

»Ganz einfach: Ich habe ihnen erklärt, dass es anders nicht geht. Dass wir ein Team sind und dass, wenn sie wollen, dass ich ihnen bestimmte Sachen kaufe, Mama auch arbeiten gehen muss, und dass ich, wenn ich arbeiten gehe, nicht so viel Zeit für die Hausarbeit habe und sie mir helfen müssen. Das leuchtete ihnen ein. Ich glaube, Kinder wollen grundsätzlich gerne kooperieren. Und außerdem«, fügt Tamara hinzu, »habe ich, seitdem sie sich selbst die Pausenbrote schmieren, keine vollen Tupperwaredosen wieder zurückbekommen. Sie schmieren sich dann nämlich nur das aufs Brot, was ihnen schmeckt.«

Tamara ist eine wunderbare Mischung aus überzeugter Hausfrau und überzeugter berufstätiger Frau. Auch ihre Töchter sollen später mal auf eigenen Füßen stehen können.

»Meine Töchter sollen unbedingt eine Ausbildung haben und später einen guten Job haben. Ich halte das für ungemein wichtig. Jede Frau sollte das Recht haben, sich selbst ihren Lebensunterhalt zu verdienen. Es wäre ein Wahnsinn, dies nicht zu fördern.«

Um beides hinzubekommen – die Berufstätigkeit und die Mutterschaft –, sollten wir Frauen es uns nicht noch zusätzlich schwer machen, sagt Tamara. »Das Wichtigste«, sagt Tamara, »sei es, Spaß miteinander zu haben. Wenn man sich da noch zusätzlich Stress damit macht, das perfekte Essen zu kochen, die Wohnung tipptopp aufzuräumen, dann macht das nur schlechte Laune. Und wenn die Mama schlechter Laune ist, dann wird das schwierig mit dem Spaß miteinander. Mal ganz ehrlich, es ist doch so: Wenn es der Mutter gut geht, geht es allen gut!«

»Als wir früher eine Babysitterin hatten«, erzählt mir Tamara, »habe ich ihr gesagt: Wehe, du räumst die Küche oder das Wohnzimmer auf. Ich will, dass du mit den Kindern rausgehst und dass ihr Spaß habt – das ist dein Job. Meine Freundinnen haben das nicht verstanden, die haben mir gesagt: ›Wie sieht es denn bei dir aus? Räumt deine Hilfe denn nicht auf?‹«

»Nein«, habe ich ihnen stolz geantwortet. »Dafür haben meine Kinder eine Menge Spaß gehabt.«

Sie habe, so sagt sie, kein Problem damit, Milchreis aus der Dr.-Oetker-Packung zu machen oder Fertigkuchen zu kaufen. Klar seien selbst gebackene Kuchen besser als Fertigpackungen, aber wenn man als Mutter arbeiten will, sagt Tamara entschlossen, darf man sich nicht auch noch zusätzlich Stress machen. »Es lebe die Backmischung«, sagt Tamara und lacht. »Und wehe, man hat deswegen ein schlechtes Gewissen!«

»Was hast du über dich gelernt, seitdem du Mutter geworden bist?«, frage ich Tamara.

»Dass ich so belastbar bin. Und so geduldig. Und so unglaublich lieben kann. Das hätte ich nicht gedacht.«

Tamara denkt kurz nach. Dann fügt sie noch hinzu: »Und mit den negativen Momenten aus meiner eigenen Kindheit irgendwie abzuschließen. Jetzt, da ich selbst Mutter bin, verstehe ich einiges von dem, was meine eigene Mutter früher gemacht hat, besser.«

Ich nicke. Diese Erfahrung ist wohl vielen von uns nicht fremd.

## Tamaras Erziehungstipps

1. Das Wichtigste ist nicht, ein aufgeräumtes Haus, sondern eine gute Atmosphäre zu haben.
2. Du kannst berufstätig und gleichzeitig eine gute Mutter sein – vorausgesetzt, du schaffst es, Beruf und Familie säuberlich zu trennen.
3. Unterstütze dein Kind dabei, ein Mannschaftsspiel zu lernen, bei dem es nicht nur seine eigenen Stärken erproben kann, sondern auch die Erfahrung machen kann, Teil einer Gruppe zu sein.

## 15 Yulia aus der Ukraine, oder:
## was Erziehung mit transformationaler
## Führung gemeinsam hat

Ich treffe Yulia in einem Starbucks-Café. Sie kommt gerade aus einer Konferenz. Als IT-Spezialistin arbeitet sie bei einer großen internationalen Firma. In Deutschland lebt sie seit 2001. Sie hat einen zwanzigjährigen Sohn, Michail, und eine vierzehnjährige Tochter, Anastasia. Aufgewachsen ist Yulia in Kiew, der heutigen Hauptstadt der Ukraine, die fast drei Millionen Einwohner zählt.

»Ich bin in einem, sagen wir mal, autokratischen System aufgewachsen. Entsprechend ging es auch zu. Als Kinder mussten wir in der Schule alle dieselben Uniformen tragen. Diese bestand aus einem schlichten Kleid mit einer schwarzen Schürze. Nur am ersten und letzten Schultag durften wir die schwarze Schürze gegen eine weiße umtauschen. Die Schule war streng, aber wir haben viel gelernt. Ich war auf einer mathematisch-naturwissenschaftlich orientierten Schule. Alles, was ich damals in der Schule gelernt habe, weiß ich heute noch auswendig – zum großen Erstaunen meiner Tochter Anastasia«, sagt Yulia und lacht.

Ich frage Yulia nach ihrer Mutter und danach, was sie selbst anders macht als ihre eigene Mutter. Yulia muss nicht lange nachdenken.

»Meine Mutter hat mich geliebt – und tut es immer noch, aber sie hat es mir nicht oft gesagt oder gezeigt.«

Ich kann sehen, dass ihr das immer noch nahegeht. Ich frage Yulia, ob das vielleicht typisch für die Generation ihrer Mutter ist. Sie nickt.

»Das ist etwas, das ich ganz bewusst anders mache. Ich sage meiner Tochter jeden Tag, dass ich sie liebe. Ja, in der Tat, meine Erziehung unterschied sich nicht wesentlich von der, die meine Freundinnen und Freunde hatten. Als ich klein war, war der Pädagoge Anton Makarenko in aller Munde, und viele Mütter orientierten sich an ihm.«

Der Pädagoge Makarenko etablierte in den Jahren nach der Oktoberrevolution die Schulen, oder besser Erziehungslager, für Sträflinge und heimatlos gewordene Jugendliche und legte das Fundament für die sozialistisch-kommunistische Kollektiverziehung. Sein Prinzip lautete: »Ich fordere dich, weil ich dich achte.« In den Kolonien wurde sowohl in der Schule gelernt als auch auf dem Feld gewirtschaftet, es wurde handwerklich gearbeitet als auch Theater gespielt und gemeinsam gelesen. Er war mit seinem System sehr erfolgreich und dominierte für viele Jahre die Pädagogik in der Sowjetunion. Makarenko lehnte körperliche Strafen ab, glaubte aber fest an Disziplin und die Einhaltung strenger Regeln.

»Was mir an Makarenko gefiel, war der Gedanke, dass man Kindern Sinnhaftigkeit im Leben vermitteln sollte. Ich hatte mir daher vorgenommen, meinen Kindern dabei zu helfen, etwas in ihrem Leben zu finden, wofür sie brennen, etwas, das sie leidenschaftlich interessiert. Für meinen Sohn war das die Wissenschaft, für meine Tochter die Musik. Allerdings würde ich sagen, dass meine Erziehung nicht nur auf Makarenko beruht, sondern auch von meinem MBA-Studium und meinen Erfahrungen im Berufsleben beeinflusst wurde. Manager heutzutage wissen genau, dass sie mehr von ihren Mitarbeitern haben, wenn sie sie das machen lassen, worin sie wirklich gut sind. Dafür aber müssen Arbeitgeber in Führungspositionen herausfinden, welche Stärken ihre Mitarbeiter haben. Genau das sollten Eltern auch tun.«

»Und wie denkst du, macht man das am besten?«

»Nun«, sagt Yulia, »im Arbeitsleben wird Managern empfohlen, sich nicht nur auf die eigene Beobachtung zu stützen, sondern auch Kollegen und die Mitarbeiter selbst zu befragen. Ich denke, das kann man gut auf die eigenen Kinder anwenden. Man beobachtet sie, befragt ihre Umgebung und fragt sie selbst, was sie ihrer eigenen Einschätzung nach am besten tun. Ich glaube, dass es sehr wichtig ist, die Stärken der Kinder zu fördern, und zwar, weil das unseren Kindern dabei hilft, sich weiterzuentwickeln.«

»Die andere Sache«, sagt Yulia, »ist, dass ich versuche, nicht einfach die Dinge von oben herunter zu diktieren, sondern ihnen zu erklären, warum ich will, dass sie etwas Bestimmtes tun beziehungsweise warum es sinnvoll ist, dass sie es tun.«

Dieses Führungsprinzip, so erklärt mir Yulia, nennt man im Management eine »transformationale Führung«. Im Gegensatz zur sogenannten »transaktionalen Führung«, bei der die Beziehung zwischen Führungsfiguren und Arbeitnehmern darin besteht, dass der Arbeitgeber als Autoritätsfigur auftritt und die Arbeitnehmer ihre Pflichten nur deshalb erfüllen, weil sie dafür Geld bekommen, vertritt die »transformationale Führung« die Philosophie, dass ein Arbeitgeber Mitarbeiter motivieren und inspirieren soll. Wer authentisch und erfolgreich führen will, muss daher nicht nur andere, sondern auch sich selbst zum Besseren transformieren.

»Es mag vielleicht überraschend klingen, Business-Strategien auf die Familie anzuwenden«, sagt Yulia. »Aber ich denke, man kann es durchaus vergleichen. Ich glaube, man kann viel von seinen Kindern verlangen, aber man muss es auf die richtige Weise tun. Schließlich lernen Kinder vor allem dadurch, dass sie uns als Vorbilder haben.«

Auch internationale Studien ergeben immer wieder, dass Eltern nach wie vor ein großes Vorbild für ihre Kinder sind. Viele Gewohnheiten, Haltungen und sogar Eigenschaften der Eltern werden von Kindern aber auch unbewusst übernommen. Diese unbewusste Nachahmung ist in der Psychologie ein bekanntes Phänomen. Insofern ist die Botschaft der transformationalen Führung, an sich selbst zu arbeiten, kein schlechter Rat auch an Eltern.

In dieser Hinsicht ist Kinder zu haben ein Aufruf und eine wunderbare Gelegenheit, an sich selbst zu arbeiten und sich selbst zu einem besseren Menschen zu machen.

## Yulias Erziehungstipps

1. Sei ein Vorbild für deine Kinder und nutze die Gelegenheit der Elternschaft, an dir selbst zu arbeiten.
2. Hilf deinen Kindern dabei, etwas zu finden, wofür sie sich leidenschaftlich interessieren.
3. Zeige deinen Kindern, dass du sie liebst, und habe keine Angst, es ihnen zu sagen.

# 16 Natalia aus Russland, oder: Hände weg vom Akademikerdünkel!

Ich treffe Natalia in einem Museumscafé. Die Konferenzdolmetscherin hat leuchtende blaue Augen und einen blonden Kurzhaarschnitt. In perfektem Deutsch, in dem einzig das rollende »R« verrät, dass sie keine Muttersprachlerin ist, erzählt sie mir zunächst von ihrer eigenen Kindheit in Russland.

Wie allen russischen Eltern, sagt sie, sei auch ihren Eltern ihre schulische und universitäre Bildung sehr wichtig gewesen. Im Laufe ihrer Schulzeit habe sie viel gelernt. Dass sie dann zur Geisteswissenschaftlerin wurde, verdankt sie dem Umstand, dass in ihrer Kindheit jüdische Nachbarn nach Israel emigrierten und ihrer Familie die Bibliothek überließen. Wie ein Schatz seien die Bücher damals für sie gewesen, schließlich sei sie in einer Zeit aufgewachsen, in der es äußerst schwierig war, an Bücher heranzukommen. Ihre Liebe zur Literatur und Kunst habe sie bis heute nicht verloren. Ist das der Grund, warum wir uns in einem Museumscafé treffen? Ich komme nicht dazu, sie zu fragen, denn schon erzählt mir Natalia von den Vorzügen der russischen Schulen.

»Nachmittags gab es viele Angebote, die man wahrnehmen konnte. Da gab es Kurse für Schachspielen, Malen, Tanzen. Das habe ich hier in Deutschland sehr vermisst«, gesteht sie.

Eltern müssen in Deutschland viel selbst organisieren und auch bezahlen.

Ich frage Natalia, wie sie ihre Erziehungsmethode beschreiben würde. Sie denkt nach.

»Ich glaube an Strenge und an Liebe. Und daran, dass beides zusammengehen kann. Peitsche und Lebkuchen! So heißt das bei uns in Russland«, sagt sie und lacht ein glockenhaft helles Lachen, bei dem man sich eher den Lebkuchen und weniger die Peitsche vorstellen kann. »Ich kann allerdings auch mal ein Drache sein«, sagt Natalia. »Aber dann warne ich die Kinder vorher. Ich sage dann immer: Achtung, gleich kommt der Drache.«

Sie lacht wieder.

»Sagen wir es mal so: Damit man streng sein kann, muss man die Strenge mit Liebe wieder ausbalancieren. Dafür sind gemeinsame schöne Momente unerlässlich. Da muss man sich auch bewusst Zeit nehmen. Ich lege bestimmte Tage fest, etwa den ›Familientag‹ oder den ›Brudertag‹, da gibt man sich dann besonders Mühe, für den anderen da zu sein.«

Für Natalia ist der Familienzusammenhalt sehr wichtig – besonders, als ihr Mann überraschend vor vier Jahren gestorben ist. »Zu Beginn war es unendlich schwierig für mich und uns alle.«

Natalia erzählt mir von dem schrecklichen Ereignis, das damals ihr Leben und das der Kinder völlig durcheinandergewirbelt hat. Für ihre Söhne da zu sein und ihnen trotz allem ein gutes Leben zu ermöglichen wurde zum Motor ihres Lebens. Heute, vier Jahre später, scheint es, dass Natalia es geschafft hat. »Man wächst mit seinen Herausforderungen«, sagt sie und erzählt mir, dass sie durch diesen Schicksalsschlag auch viel Güte und Solidarität erfahren habe, was ihre Weltsicht durchaus verändert habe.

»Als mein Mann starb, haben wir viel Hilfe von anderen Menschen erhalten, und zwar auch von jenen, von denen wir nie angenommen hätten, dass sie uns helfen würden. Das war uns allen eine wertvolle Lehre. Man darf die Menschen nicht nach dem ersten Eindruck beurteilen. Zuweilen versteckt sich hinter einer Fassade, die vielleicht auf den ersten Blick unsympathisch oder fremd erscheint, ein wunderbarer und gütiger Charakter. Dies versuche ich auch meinen Söhnen weiterzugeben. Ich sage ihnen: ›Urteilt nicht gleich, wenn ihr jemandem begegnet, wartet ab.‹«

Das andere, was mir Natalia ans Herz legt, ist ein Tipp, den sie selbst von ihrem Mann erhalten hat. »Ich habe ihn einmal gefragt, ob er an Gott glaube. Da hat er mir geantwortet, er glaube nicht an Gott, aber an das Gute im Menschen. Ich denke, das ist etwas, das man im Umgang mit Kindern nicht vergessen darf. Besonders wenn sie einmal in einer Krise sind, patzig reagieren oder vielleicht mal eine Phase haben, in der sie nicht besonders nett sind, muss man an das Gute glauben, das in ihnen steckt. Denn nur wenn man ihnen liebevoll begegnet, werden sie auch zu liebevollen Menschen.«

In der Zeit nach dem Tod ihres Mannes hat Natalia sich professionelle Hilfe geholt. Auch für ihre Söhne, die damals dreizehn und acht Jahre alt waren. Dies sei sehr hilfreich gewesen. Dabei hatte die Psychologin sie unter anderem vor den psychologischen Gefahren gewarnt, die für Söhne entstehen, die ohne Vater aufwachsen.

Natürlich handelt es sich bei Natalia um einen Sonderfall. Dennoch kommt das Phänomen des abwesenden Vaters heute oft auch ohne so einen Schicksalsschlag vor, etwa, wenn sich die Eltern getrennt haben und der Vater sein Kind nicht oft sieht, der Vater aufgrund besonderer Arbeitsverhältnisse viel abwesend ist oder der Vater zwar physisch präsent, dabei aber psychisch abwesend ist. »Mondpapas« hat die Autorin Regina Deertz solche abwesenden Väter in ihrem gleichnamigen Buch genannt.

In vielen Fällen, so Psychologen, bleiben Jungen, die ohne männliche Bezugsperson aufwachsen, in einer symbiotischen Beziehung zu ihrer Mutter gefangen. Das bedeutet, dass sie vornehmlich mit weiblichen Normen und Werten aufwachsen, was einerseits dazu führen kann, dass sie sich entweder besonders »weiblich« benehmen oder im Gegenteil – als eine Art Gegenreaktion – besonders rabaukig.

Jungen ohne Vaterfiguren, so Psychologen, können Probleme haben, ein sicheres Selbstwertgefühl zu entwickeln, da ihnen die Möglichkeit fehlt, ihre männlichen Eigenheiten dank eines Vorbilds auszubilden. Durch die (bewusste oder unbewusste) Wut auf den abwesenden Vater entwickeln sie aggressives Verhalten – meist vor allem gegen Autoritätspersonen, deren Nähe vaterlose Söhne zwar suchen, an denen sie sich dann abarbeiten. Es gibt Untersuchungen, dass Männer, die vaterlos aufgewachsen sind, ein überdurchschnittliches Problem mit Autoritäten haben und sich weigern, bestehende Normen anzuerkennen. Wie also dem Problem entgegenwirken?

Natalia fährt hier eine Doppelstrategie: Sie achtet erstens darauf, möglichst viele männliche Lehrer für ihre Söhne zu finden, um ihnen viele männliche Identifikationsfiguren zu bieten, und zweitens bemüht sie sich, sie mit ihrer »Weiblichkeit nicht zu übermannen«, wie sie sagt, ihnen Raum zu geben und loszulassen.

Ihr ältester Sohn ist vor ein paar Jahren vom Gymnasium auf die Realschule gewechselt. Als Akademikerin sei ihr das nicht leichtgefallen, gibt sie zu. »Vielleicht liegt es aber auch daran, dass Russen immer so wahnsinnig viel Wert auf Bildung und Hochschulbildung legen«, sagt Natalia fast entschuldigend.

Unterdessen ist das allerdings in Deutschland genauso. Nachdem die OECD immer wieder gefordert hatte, mehr Akademiker in Deutschland auszubilden, schnellte die Zahl der Studierenden ab 2006 um sechzig Prozent nach oben – und das mit desaströsen Folgen: Nicht nur, dass es mittlerweile einen drastischen Mangel an qualifizierten Fachkräften gibt, da immer weniger Jugendliche eine Ausbildung absolvieren wollen, auch an den Universitäten sind viel zu viele junge Menschen, die an anderer Stelle besser aufgehoben wären.

Ihr Sohn möchte nach der Schule eine Ausbildung zum Koch machen, das ist sein großer Traum. »Zu Beginn musste ich ehrlich gesagt ganz schön schlucken, aber jetzt stehe ich hundertprozentig dahinter und finde es großartig. Was für eine Herausforderung. Ich bin sicher, dass eine solche Lehre für die Bildung der Persönlichkeit von ungeheurem Wert ist. Abgesehen davon, dass er sich damit die Grundlage schafft, immer für seinen Unterhalt selbst sorgen zu können. Gute Köche sind immer gesucht. Und wer gut in seinem Beruf ist, kann es immer weit bringen.«

In der Tat sprechen die Zahlen für eine Ausbildung. Mit einer Fachhochschul-, Meister- oder Technikerausbildung hat man heutzutage ein geringeres Risiko, arbeitslos zu werden, als mit einer Hochschulausbildung. Auch beim Einkommen halten sich – mit Ausnahme der Akademiker im sogenannten MINT-Bereich (Mathematik, Informatik, Naturwissenschaft und Technik) – akademische und nichtakademische Fachkräfte die Waage.

»Ich sehe so viele Kinder, deren Eltern sie um jeden Preis auf dem Gymnasium halten wollen. Sie zahlen viel Geld für

Nachhilfe, und es gibt viel Streit und Spannung zu Hause. Dabei könnten sie an einer anderen Schule wesentlich erfolgreicher und glücklicher sein. Nicht jeder ist der Typ, der gerne zu Hause sitzt und studiert. Ich denke, es gehört zur Aufgabe der Eltern, die Fähigkeiten und Begabungen seiner Kinder richtig einzuschätzen und entsprechend zu handeln. Letztlich wird man doch eh nur erfolgreich und glücklich, wenn man genau das macht, wofür man begabt ist, oder etwa nicht?«

## Natalias Erziehungstipps

1. Bring deinen Kindern bei, nicht vorschnell über Menschen zu urteilen.
2. Wenn du als alleinerziehende Mutter einen Sohn hast, sorge dafür, dass er genügend Kontakt zu männlichen Vorbildern hat wie etwa Klavierlehrer oder Trainer.
3. Denke daran: Der akademische Weg ist weder der beste noch der einzige Weg, um ein erfolgreiches und glückliches Leben zu haben.

# 17 Cam-Mai aus Vietnam, oder: Über die Freude, andere glücklich zu machen

Ich treffe Cam-Mai in einem kleinen italienischen Lokal. Sie spricht perfekt Deutsch. Allerdings ist sie auch hier aufgewachsen. Erst in einer Kleinstadt, dann in München. Ich als Halbfranzösin kann mich noch gut daran erinnern, wie exotisch es in den Siebzigern hier war, eine andere Sprache zu sprechen und aus einem anderen Land zu kommen. Cam-Mai bestätigt das: »Wir waren natürlich die Exoten: ein bisschen verspottet, aber auch bewundert, wir waren einfach etwas Besonderes. Doch zum Glück haben sich meine Eltern, die beruflich sehr erfolgreich waren, rasch in die Gemeinschaft integriert.«

Da ihre Eltern, wie sie mir versichert, »hundertprozentig vietnamesisch« erzogen haben, kann sie mir trotzdem dabei helfen, einen kleinen Einblick in vietnamesische Erziehungskultur zu gewinnen. Entsprechend lautet meine erste Frage an sie, was denn für eine vietnamesische Erziehung typisch ist.

»Nun, als Erstes die Familienehre. Sie ist für die vietnamesische Kultur ungemein wichtig. Und sie ist vor allem dann gewahrt, wenn nach außen hin alles perfekt ist.«

»Und wie sieht die perfekte vietnamesische Familie aus?«, frage ich.

»Dass der Vater gut Geld verdient, die Mutter zu Hause fleißig ist, der älteste Sohn sich um die Familie kümmert und die Tochter jungfräulich in die Ehe kommt, die sie am besten mit einem Arzt eingeht. Und natürlich, dass die schulischen Leistungen immer überdurchschnittlich sind.« Cam-Mai muss bei dieser Auflistung schmunzeln. »Ich war in dieser Hinsicht wohl eine Enttäuschung. In der Schule hatte ich mittelmäßige Noten, das hat sich erst im Studium geändert.«

»Was hast du von deiner vietnamesischen Erziehung beibehalten?«

»Die Gastfreundschaft. Bei uns steht immer ein Gästebett bereit. Wir haben immer ein offenes Haus, und wir sind großzügig. Und natürlich ist mir Bildung ebenso wichtig wie meinen Eltern. In der Hinsicht bin ich wohl sehr vietnamesisch geblieben. Ich habe kein Problem damit, viel von meinem Sohn zu verlangen. Das klingt jetzt schrecklich nach der asiatischen Tigermutter, ich weiß. Aber ich halte mich eher für eine ›abgespeckte Tigermutter‹.«

Cam-Mai erzählt mir, dass das Tigermutter-Thema sie sehr beschäftigt. Sie hat das Buch von Amy Chua, von dem im Kapitel über Kaiwen die Rede war, intensiv gelesen.

»Ich glaube, dass man dieser Frau unrecht tut, wenn man sie für eine monströse und engstirnige Verfechterin der totalen Strenge und Disziplin hält. Sie beschreibt in ihrem Buch ja vor allem ihr Scheitern, ihren psychischen Zusammenbruch, als sie merkt, dass sie mit ihrer ältesten Tochter mit ihren Erziehungsmethoden nicht mehr zurande kommt.«

»Auch ich«, sagt Cam-Mai, »stelle mich selbst ständig infrage. Schließlich will ich nicht einfach nur blind irgendwelche Normen weitergeben.«

»Was verstehst du unter ›abgespeckter Tigermutter‹?«, frage ich

»Ich gebe mir Mühe, den Fokus nicht nur auf Leistung zu

setzen. So sage ich meinem Sohn zum Beispiel, dass es unwichtig ist, welche Note er letztlich nach Hause bringt, wichtig sei es, dass er alles verstanden und sich bei der Vorbereitung Mühe gegeben hat.«

Ich frage Cam-Mai, ob es in dieser Hinsicht zu Konflikten zwischen ihr und ihrem Sohn kommt.

»Natürlich gibt es sie. Denn es gibt immer wieder Momente, in denen er lieber etwas anderes tun würde, als Klavier zu spielen oder Lateinvokabeln zu lernen. Aber wenn ich ihn dann dazu bringe, ist er mir hinterher immer dankbar.«

Cam-Mai glaubt nicht an Deals, Strafen oder Belohnungen. Sie glaubt an Regeln, die eingehalten werden müssen.

»Wenn bestimmte Dinge gemacht werden müssen, dann müssen sie eben gemacht werden. Manchmal sage ich ihm: ›Es tut mir leid, dich quälen zu müssen, aber du musst nun mal das und das tun.‹ Schließlich hat jeder Mensch Pflichten und Aufgaben. Irgendwo sind wir alle Dienstleister für irgendjemanden.«

In der Tat: Sind nicht alle Menschen mit anderen Menschen auch dadurch verbunden, dass diese etwas für uns tun und wir etwas für sie tun?

Andererseits, sagt sie, seien die Dinge, die sie von ihrem Sohn verlange, ja auch gute und schöne Dinge. Also nicht etwas, das man nur deshalb macht, weil es sich so gehört oder weil es nach außen gut aussieht. Sie lege großen Wert darauf, dass er die Hobbys, die er hat, auch wirklich gerne pflegt und dass sie gut zu ihm passen. Bei dieser Gelegenheit zeigt mir Cam-Mai ein Video von ihrem Sohn, der auf einer Bühne ein Solo singt.

»Er war so stolz und so glücklich an diesem Tag.« Cam-Mai ist überzeugt davon, dass Musik eine ungemein wichtige Rolle im Leben eines Menschen spielen kann. »Zu musizieren ist eine wunderbare Möglichkeit, sich auszuleben, Selbstvertrauen zu bekommen und zu sich zu finden.«

Ich frage Cam-Mai, was sie ihren Kindern am meisten weitergeben möchte.

»Ich möchte, dass sie anderen Menschen gegenüber offen sind und ein großes Herz haben.«

»Und wie machst du das?«, frage ich.

»Indem ich es vorlebe und sie immer wieder ermuntere, anderen etwas Gutes zu tun.«

Cam-Mai erzählt mir von einer Nachbarin, einer alten Dame, der sie seit Jahren immer wieder Kuchen oder etwas dergleichen vorbeibringen. Mit der Zeit wurde die alte Dame so zu einer wichtigen Person in ihrem Leben.

»Man kann so viel Gutes tun«, sagt Cam-Mai, »und das gleich bei sich um die Ecke. Auch wenn Kinder zu Besuch kommen und ein Spielzeug besonders schön finden, dann frage ich meinen Sohn, ob er es nicht herschenken möchte oder es zumindest verleihen mag. Ich denke, man kann Kindern wirklich beibringen, Freude daran zu haben, anderen eine Freude zu bereiten. Wichtig ist dabei nicht, irgendwelche teuren Geschenke zu kaufen, sondern sich zu überlegen, was einem anderen Menschen wirklich eine Freude machen kann.«

Zum Thema »Geschenke« hat Cam-Mai generell eine ganz bestimmte Haltung, denn sie und ihr Mann legen sehr viel Wert darauf, an Weihnachten oder Geburtstagen nicht in den üblichen Konsumrausch zu verfallen und dem »Geschenkeüberfluss«, wie sie es nennt, Einhalt zu gebieten.

In der Tat gibt es viele Studien, die zeigen, dass zu viele Geschenke für Kinder an Weihnachten oder an Geburtstagen nicht gut sind. Psychologen weisen dabei vor allem auf drei Arten von Gefahren hin:

- Viele Geschenke mindern den Wert eines einzelnen Geschenks. Dadurch wird das Verlangen nach noch mehr Geschenken und damit auch Unzufriedenheit geweckt.
- Kinder, die viel geschenkt bekommen, konzentrieren sich mehr auf das Beschenktwerden und weniger auf das Schenken.
- Viele Geschenke können sich negativ auf das Selbstwertgefühl auswirken.

In einer Studie aus dem Jahr 2015 konnte gezeigt werden, dass konsumorientierte Erziehung, also Erziehung, bei der materielle Güter als Belohnung oder deren Entzug als Bestrafung eingesetzt werden, tendenziell Kinder hervorbringt, die den Wert von Menschen an Besitz festmachen.[13]

»Aus diesem Grund«, so sagt Cam-Mai, »schenken wir an Weihnachten nur Selbstgemachtes oder diese Kalender, auf denen schöne Sprüche für jede Woche stehen.« Da sie zufällig einen dabeihat, zeigt sie ihn mir. Ich schlage ihn auf und lese den Spruch: Jeder handle so, als wenn Gott durch ihn eine große Tat will.

»Schön«, sage ich.

»Ich mag diese Kalender, und ich glaube, die meisten meiner Freunde auch. Auch wenn ich ihnen immer wieder sage, dass sie sie ruhig weiterverschenken dürften, wenn sie keine Lust mehr darauf haben«, sagt Cam-Mai und lacht.

Es sei ihr sehr wichtig, sagt Cam-Mai, ihrem Kind nahezubringen, dass Konsum nicht glücklich macht. Daher bemühe sie sich auch innerhalb der Familie, mit so wenig Konsum wie möglich auszukommen.

Dass die westliche Zivilisation auf einer noch nie da gewesenen Konsumkultur beruht, wird wohl kaum jemand bestreiten. So beschreibt die US-amerikanische Soziologin Juliet Schor die Immersion US-amerikanischer Kinder in die Konsumwelt folgendermaßen:

»Mit achtzehn Monaten sind Kinder in der Lage, Logos zu erkennen, und vor ihrem zweiten Geburtstag fragen sie bereits nach Produkten, deren Namen sie kennen. Mit drei oder dreieinhalb Jahren, so sagen Experten, beginnen Kinder zu glauben, dass Marken persönliche Eigenschaften – wie etwa cool, stark oder schlau zu sein – zum Ausdruck bringen. Bevor sie in die Schule gehen, haben in der Regel 25 Prozent aller Kinder einen Fernseher im eigenen Zimmer und schauen zwei Stunden am Tag. Wenn ein Kind das erste Mal die Schule besucht, kann es in der Regel 200 Marken benennen. Und er oder sie besitzt bereits eine nie da gewesene Ansammlung von Dingen, ungefähr siebzig neue Spielsachen pro Jahr.«[14]

Das Problem der zunehmenden Kommerzialisierung der Kindheit und Jugend, so Schor, liege darin, dass die damit vermittelte materialistische Ideologie (»Du bist, was du kaufst beziehungsweise besitzt«) das Selbstwertgefühl von Kindern untergrabe und sie auf Dauer weniger vital und weniger daran interessiert seien, sich selbst als Menschen mit ihren eigenen individuellen Fähigkeiten zu verwirklichen.

Was also tun? Schor rät, Kindern geeignete Alternativen zum Shopping und zum Medienkonsum als Zeitvertreib anzubieten und sich so weit wie möglich von der materialistischen Konsumkultur zu distanzieren.

Aber auch aus anderen Gründen raten Psychologen Eltern dazu, ihren Sprösslingen nicht jeden Wunsch zu erfüllen, und ermutigen sie vielmehr dazu, Wünsche auch einmal bewusst *nicht* zu erfüllen. Nur wer lernt, mit Verzicht und Frustration zu leben, könne auch resilient werden. Kein Wunder also, dass Forscher immer wieder vor einer Kindheit und Jugend warnen, in der Kinder zu leicht und zu schnell alle Wünsche erfüllt bekommen.

»Wir möchten unseren Sohn nicht mit Spielsachen überhäufen«, sagt Cam-Mai. »Wir glauben, dass das nicht gut ist.« Damit steht Cam-Mai nicht allein da. Wie viele Forschungen zeigen, haben weniger Spielsachen deutlich mehr Vorteile als viele Spielsachen:

- Weniger Spielsachen führen dazu, dass Kinder diese zu schätzen lernen,
- weniger Spielzeuge helfen den Kindern, Ordnung zu halten,
- weniger Spielzeug fördert die Fantasie,
- weniger Spielzeug unterstützt Ausdauer und verhindert, dass Kinder von einem zum anderen springen,
- weniger Spielzeug führt dazu, dass Kinder mehr in der Natur spielen.

In der Tat zeigte in den 90er-Jahren ein Experiment der deutschen Forscher Elke Schubert und Rainer Strick, dass Kinder, denen man im Kindergarten Spielzeuge weggenommen hatte, sich nach kurzer Zeit an die Situation angepasst hatten und deutlich kreativer und auch sozialer wurden.

»Zu Beginn waren wir sehr streng«, sagt Cam-Mai. »Wenn er Spielsachen hatte, dann musste alles nur pädagogisch wertvoll sein und auf keinen Fall aus Plastik. Irgendwann aber schenkten ihm Freunde von uns Lego. Er fand es so großartig, dass wir es nicht übers Herz brachten, es ihm wieder wegzunehmen. Seitdem – fragen Sie mich nicht wie – ist sein Kinderzimmer ein regelrechter Lego-Ausstellungsraum. So viel zur Konsequenz mit den Spielsachen, kann ich da nur sagen.«

Cam-Mai lacht wieder und zuckt mit den Schultern. »Ich bin eben eine echte ›abgespeckte Tigermutter‹!«

## Cam-Mais Erziehungstipps

1. Überhäufe dein Kind nicht mit Geschenken und unterstütze es darin, nicht blind unserer Konsumkultur zu folgen.
2. Lege beim Thema Schule den Fokus nicht auf die Noten, sondern darauf, dass dein Kind sich gut vorbereitet hat.
3. Hab keine Angst davor, auch mal unbequem zu sein – nicht alles, was dein Kind machen muss, muss Spaß machen!

## 18 Madina aus Kirgisistan, oder: Warum es wichtig ist, entspannt wie ein Bär zu sein

Ich treffe Madina um neun Uhr morgens vor dem Eingang eines großen Einkaufszentrums. Da sich in der Früh nicht so viele Frauen gemeinsam vor einem Einkaufszentrum verabreden, haben wir keine Probleme damit, uns gleich ausfindig zu machen. Madina ist eine freundliche junge Frau, die mir von Weitem energisch zuwinkt. Gemeinsam gehen wir in ein Café, in dem wir uns unterhalten können.

Hergekommen sei sie zum Germanistikstudium, erzählt mir Madina. Da war sie Anfang zwanzig. Frankfurt sei ihre erste Station gewesen. Da sie aber nebenbei arbeiten musste, wurde es ihr irgendwann zu viel, und sie musste das Studium aufgeben. Danach habe sie eine Ausbildung als Masseurin gemacht.

»Ich wollte bewusst einen Ausgleich zu meinem eher intellektuellen Leben vorher.« Als Masseurin arbeitet sie immer noch, zumindest wenn sie sich nicht gerade um ihre beiden Söhne – acht und fünf Jahre – kümmern muss.

Aufgewachsen ist Madina in Bischkek, der heutigen Hauptstadt Kirgisistans, ein Land, das 1991 seine Unabhängigkeit von der Sowjetunion erlangte.

»Natürlich war unser Schulsystem damals stark von der russischen Kultur beeinflusst, und doch war Russland nie meine Heimat, sondern Kirgisistan.«

»Worin besteht da der Unterschied?«, frage ich.

»Wie soll ich sagen, ... wir sind eben mehr asiatisch geprägt. Außerdem waren wir einst ein Nomadenvolk.«

In der Tat leben in Kirgisistan immer noch Menschen in Jurten und bemühen sich, die traditionelle Kultur zu bewahren. Dazu gehört die Kunst, einen Adler zu zähmen, oder der traditionelle »Brautraub«, bei dem ein junger Mann eine Frau, die ihm gefällt, auf dem Pferd entführt.

»Und wie erzieht man in Kirgisistan Kinder?«, will ich wissen.

»Nun, ich würde sagen, es geht vor allem um Respekt. Respekt vor den Eltern und vor den Älteren. In Kirgisistan siezen Kinder nicht nur fremde Erwachsene, sondern auch ihre eigenen Eltern«, erzählt mir Madina. »Und es wäre undenkbar, dass ein Kind einem älteren Menschen im Bus nicht den Platz frei macht.«

Zu Beginn, sagt sie, habe sie das hier in Deutschland anders machen wollen.

»Man will sich natürlich anpassen. Wenn da die Kindergärtnerin sagt: ›Hallo, ich bin die Anna‹, dann denkt man sich erst, okay, dann duzen wir sie eben.«

Mittlerweile aber habe sie ihre Meinung geändert.

»Kinder sind einfach nicht auf der gleichen Stufe wie Erwachsene. Sie müssen auf Ältere hören, sie respektieren und ihnen zuhören. Allein durch das Wörtchen ›Sie‹ schafft man eine gewisse Distanz, die das erleichtert.«

»Und das klappt?«, will ich wissen.

»Nur wenn wir auf Kirgisisch sprechen.«

»Was ist dir hier an der Erziehung sonst noch aufgefallen, das anders ist als in deiner Heimat?«, frage ich Madina.

»Nun ... ich würde sagen, bei uns werden Kinder mehr ermutigt, Teil einer Gruppe zu sein. Es ist wichtig, dass niemand außen vor gelassen wird. Wenn Kinder zum Beispiel hier im Kindergarten nicht miteinander spielen wollen, dann mischen sich die Kindergärtnerinnen nicht ein. In Kirgisistan würden die Kindergärtnerinnen das nicht zulassen. Sie würden sie dazu ermahnen und dazu verpflichten, auch mit anderen zu spielen. Genauso wie man Kinder dazu bringen muss, Dinge zu teilen. Auch wenn ein Kind zunächst keine Lust darauf hat, aber es muss sein. Ansonsten ziehen wir eine Generation von Egoisten heran.

Ich versuche, meinen Kindern immer zu sagen: Schaut um euch herum. Nehmt die Welt um euch wahr. Schaut, ob es jemanden gibt, der eure Hilfe braucht. Schließlich könnt ihr selbst auch mal Hilfe brauchen, und dann seid ihr froh, wenn jemand in der Nähe ist!«

Madina erzieht ihre Kinder zweisprachig. Das sei zwar mit viel Arbeit verbunden, aber es lohne sich. Sie kenne viele Menschen mit Migrationshintergrund, die ihren Kindern nur Deutsch beibringen möchten und ihnen ihre Heimatsprache gar nicht vermittelten. Sie aber will es anders machen.

»Jede Sprache ist wie ein Schatz. Es wäre doch schade, ihnen diesen Schatz vorzuenthalten.«

In der Tat ist Zweisprachigkeit in Deutschland in den letzten Jahrzehnten zur Normalität geworden. Dank den vielen europäischen und außereuropäischen Zuwanderern besitzen viele heute in Deutschland aufwachsende Kinder mehr als eine Sprache. Statistiken zeigen, dass im Jahre 2016 dreißig Prozent aller in Deutschland lebenden Kinder zweisprachig aufwachsen.

Viel ist über Zweisprachigkeit geschrieben und geforscht worden. Dabei hat sich die Einstellung zur Zweisprachigkeit in den letzten fünfzig Jahren stark gewandelt. In den 60er-Jahren vertraten viele die Ansicht, dass Zweisprachigkeit kognitive Leistungen verringern und sogar zu schizophrenen Verhaltensweisen führen kann. Heute betonen Wissenschaftler die positiven Seiten. So zeigen etwa neue Untersuchungen, dass zweisprachige Kinder nicht nur lernen, zwei Sprachen zu sprechen, sondern auch in zwei Sprachen zu denken. Auch sollen zweisprachige Menschen sensibler auf nonverbale Kommunikation und kulturell bedingte Konventionen reagieren.

»Was sind die Dinge, die du deinen Söhnen für später mitgeben willst?«, frage ich Madina.

»Dass sie einmal gute Väter und Ehemänner werden«, sagt Madina, ohne lange nachzudenken.

»Und was heißt das?«, frage ich nach.

»Dass sie bereit und in der Lage sind, für eine Familie zu sorgen.«

Ich muss lächeln. Eine deutsche Frau würde das heutzutage wohl nicht mehr so sagen, da von Männern nicht mehr erwartet wird, der Alleinversorger für die Familie zu sein. Und doch bemängeln auch immer mehr Frauen die zunehmende Angst vieler Männer, eine Familie zu gründen und Verantwortung zu übernehmen. Nur zwanzig Prozent aller Männer unter dreißig sind – im Gegensatz zu neunzig Prozent vor dreißig Jahren – heutzutage verheiratet.

Der Historiker Gary Cross[15] führt diese Tatsache auf das Phänomen der »Boy-Men« zurück. Anstatt selbstbewusste Versorger und Beschützer sein zu wollen, seien junge Männer heute vor allem darauf aus, so lange wie möglich jung zu bleiben und Spaß zu haben. Als Grund dafür sieht er die Unsicherheit vieler Männer bezüglich männlicher Rollenbilder an. Aber auch die Tatsache, dass heutige Frauen so unabhängig sind und daher von Männern gar nicht zwingend erwarten, reif und verantwortungsvoll zu sein, sei ein Grund für diese Entwicklung. Und es fehle an männlichen Vorbildern. Statt Cary Grant habe man heutzutage den tollpatschigen und sympathischen Adam Sandler, den Prototypen des ewigen Jungen, der vor allem darauf aus ist, Spaß zu haben, anstatt Verantwortung für sich, seine Familie und die Gemeinschaft zu übernehmen.

»Und wie gehst du damit um, wenn deine Söhne streiten?« Als Mutter von zwei Mädchen, die sich oft zanken, interessiert mich dieses Thema natürlich besonders, und ich frage immer wieder gerne danach, wenn meine Interviewpartnerinnen mehrere Kinder haben.

»Natürlich gehe ich dazwischen und versuche zu vermitteln, aber das Wichtigste, das ich gelernt habe, ist, dass man den Kindern Zeit geben muss. Und das sage ich als extrem ungeduldiger Mensch«, lacht Madina. »Aber es ist so. Kinder brauchen Zeit. Zeit, um etwas zu verstehen, und Zeit, um von einer bestimmten Emotion wieder runterzukommen. Diese Zeit sollten wir ihnen geben. Wenn wir auf jemanden böse sind, sind wir Erwachsenen schließlich auch nicht bereit, im nächsten Augenblick unsere Emotion zu ändern.«

In der Tat: Nicht nur Kinder haben mit negativen Emotionen wie Wut oder Ärger zu kämpfen. Auch für uns Erwachsene ist das ein großes Thema. »Emotionsregulierung« lautet der Fachbegriff – ein Forschungsgebiet, das vor allem seit den 90er-Jahren in den Fokus der Psychologie gerückt ist.

Wenn Kinder eine gute Emotionsregulierung lernen sollen, benötigen sie – darin sind sich alle Forscher einig – Eltern oder Bezugspersonen, die selbst emotional kompetent sind. Menschen, die sozial kompetent sind, können sich gut in andere hineinversetzen, leben im Einklang mit den eigenen Gefühlen und wissen, wie man auf die eigenen Emotionen Einfluss nehmen kann, um nicht von ihnen kontrolliert zu werden.

Es gibt inzwischen einige Ratgeber zum Thema »Emotionale Kompetenz«. Als roter Faden durch all diese Bücher zieht sich dabei der Tipp, die Kinder darin zu unterstützen, ihre Emotionen zunächst verbal zu beschreiben, um dann im nächsten Schritt gemeinsam nach Lösungen zu suchen, die eine Veränderung der Emotion bewirken können. Madina hat allerdings ihre eigene Strategie dafür entwickelt, und zwar die »Bärenstrategie«. Die müsse sie vor allem bei ihrem ältesten Sohn anwenden, mit dem sie immer wieder »aneinanderrumpeln« würde.

»Mit ihm habe ich größere Schwierigkeiten als mit dem Kleinen, der oft vernünftiger ist als der Große, ist das nicht verrückt? Der Große ist einfach ein solcher Sturkopf. Der kann mich so auf die Palme bringen, dass ich meine ganze Geduld verliere.«

In solchen Momenten helfe es Madina, mit ihrer eigenen Mutter zu sprechen.

»Meine Mutter sagt dann immer: ›Hab Verständnis für ihn. Dein Sohn hat nun mal den Charakter, den er hat, und in manchen Situationen kann er nicht anders handeln, als er es tut.‹ Natürlich ist es dann eine ganz schöne Überwindung für mich, in diesen Momenten innezuhalten und daran zu denken. Aber man darf als Mutter nicht immer nur nach seiner jeweiligen Emotion oder Stimmung handeln. Man muss auch mal philosophisch werden. Einfach mal über alles nachdenken und Distanz zu sich selbst und der Situation einnehmen. Ich denke in diesen Momenten oft an einen Bären.«

»Einen Bären?«, frage ich.

»Ja, einen Bären. Bären sind immer so schön entspannt. Nichts kann sie aus der Ruhe bringen. Wenn ich spüre, dass ich anfange, mich aufzuregen, dann denke ich an einen großen, dicken, braunen Bären.«

Madina lacht. Und doch ist ihr das mit dem Ruhigbleiben sehr ernst. Denn nur wer entspannt bleibt, das hat sie herausgefunden, kann auch angemessen reagieren und weiterhin die Liebe spüren, die so wichtig ist, zwischen sich selbst und dem Kind. Irgendwann, so erzählt sie mir, wurde ihr einfach bewusst, dass alles, was sie tut, sich direkt im Verhalten ihres Sohnes widerspiegelt.

»Wenn man zum Beispiel immer nur Negatives sieht und sagt, dann wird auch dein Kind negativ gestimmt sein, und dann wird alles nur noch schlimmer. Aber das Gute daran ist: Umgekehrt geht es genauso! Das heißt, wenn du deinem Kind positiv und liebevoll begegnest, dann wird dein Kind dir auch so begegnen! Kinder und Mütter sind wie kommunizierende Röhren.«

Weil mich das mit den Bären nicht mehr loslässt, schaue ich zu Hause nach, was ich über Bären finden kann. Neben dem bedrohten Eisbären aus der Arktis und dem Braunbären in Kanada stoße ich auch auf den Bären als indianisches Sternzeichen. Die indianische Astrologie charakterisiert den Bären-Menschen als einen friedlichen, beständigen und geduldigen Zeitgenossen, der sich von anderen Menschen nicht in die Ecke treiben lässt. Er geht die Dinge mit Ruhe an, und wenn es Streit gibt, greift er schlichtend ein. Wer glaubt, ein Bär sei vor allem lahm und behäbig, der irrt, denn der Bär ist stark, geschickt und sehr gut darin, innezuhalten und sich selbst zu beobachten. Der Bär weiß um seine Stärke, und das hilft ihm, auch in Stresssituationen ruhig zu bleiben. Madina hat recht. Der Bär ist ein großartiges Vorbild für uns Mütter – und vielleicht für soziale Kompetenz überhaupt.

## Madinas Erziehungstipps

1. Hab Verständnis für deine Kinder. Wenn dir ein bestimmter Charakterzug missfällt, dann denke daran, dass sie zumindest im Moment nicht anders können, als so zu sein, wie sie sind.

2. Wenn es Konflikte gibt, dann gib den Kindern erst einmal selbst die Zeit und den Raum, Distanz zu ihren negativen Gefühlen zu gewinnen.

3. Wenn du Wut und Ärger in dir spürst, dann denk an den Bären und versuche so gelassen und stark zu sein wie er.

# 19 Elenia aus Griechenland, oder:
## Warum Erziehung wie Blumen pflanzen ist

Elenia ist eine lebhafte Frau mit dunklen Haaren und dunklen Augen. Sie ist Griechin – und das zu einhundert Prozent, wie sie mir sagt, auch wenn sie in Deutschland aufgewachsen ist.

»Meine Eltern sind in den 60er-Jahren nach Deutschland gekommen. Sie kamen beide aus demselben kleinen Dorf in Griechenland. Dass sie sich richtig integriert hätten, kann man wahrscheinlich nicht behaupten«, sagt Elenia und lacht. »Mein Bruder und ich sind in einem kleinen schwäbischen Dorf aufgewachsen, in dem viele andere Griechen lebten. Damit waren wir in einer Art griechischen Enklave. Die Eltern waren untereinander alle befreundet, und wir, die Kinder, blieben auch unter uns. Dadurch gab es immer eine soziale Kontrolle. Wenn jemand etwas Verbotenes machte, dann wusste das gleich jeder. Da hat man es sich zweimal überlegt, ob man das wirklich tun wollte.«

Ihre Eltern, sagt Elenia, waren streng. »Was nicht heißt, dass sie mich mit wenig Liebe erzogen hätten, im Gegenteil, bei uns gab es sehr, sehr viel Liebe. Aber sie hatten strenge moralische Vorstellungen, was man als Mädchen tun durfte und was nicht. Zum Beispiel bei Schulausflügen mitmachen, Geburtstagspartys von deutschen Kindern besuchen oder gar dort übernachten – das ging gar nicht. › Was, wenn dir da was passiert!‹ – wie oft habe ich diesen Satz hören müssen! Entsprechend gab es viele Regeln und viele Gebote.«

Dennoch hat Elenia eine sehr schöne Erinnerung an ihre Kindheit. Als ich sie frage, was sie aus der Erziehung ihrer Eltern für die Erziehung ihrer eigenen Kinder – ein vierzehnjähriger Sohn und eine dreizehnjährige Tochter – mitgenommen hätte, muss sie nicht lange überlegen: »Liebe. Man muss Kinder mit viel Liebe erziehen.«

Was sie hingegen nicht weitertragen wollte, ist das ständige Moralisieren. »Man tut dies nicht, man tut das nicht – das wollte ich meinen Kindern nicht antun.« Wichtig sei ihr, die Kinder dazu zu erziehen, dass sie auf sich selbst aufpassen können.

Da ihre Kinder dreizehn und vierzehn Jahre alt sind, frage ich Elenia, wie es denn so sei, gleich zwei Kinder in der Pubertät zu haben. Sie lacht.

»Ich hatte Schlimmstes befürchtet. Ich dachte, jetzt wird sich alles ändern und schrecklich werden, aber jetzt, wo sie da ist, finde ich die Pubertät und die Probleme meiner Kinder, wie soll ich sagen ... eher angenehm.«

»Angenehm?«

»Ja, sie werden jetzt erwachsen, da kann man sie ja sowieso nicht mehr kontrollieren.«

»Und wenn du mit etwas nicht einverstanden bist?«

»Dann sage ich ihnen: Hör mal, ich finde das und das blöd, aber wenn du meinst, dass du das machen willst, dann mach es.«

»Meistens«, fügt sie hinzu, »hören sie ja dann doch auf uns, weil sie viel von unseren Werten übernommen haben.«

Ich frage Elenia, wie es sein kann, dass sie im Gegensatz zu ihrer eigenen Erziehung so extrem liberal ist. Sie lacht.

»Möglicherweise spielt da mein Mann die ausschlaggebende Rolle. Er ist in Deutschland in den späten 60er-Jahren aufgewachsen. Seine Eltern waren beide richtige Achtundsechziger-Hippies. Einen größeren Kontrast zwischen meiner Mutter und meiner Schwiegermutter kann man sich wohl nicht vorstellen«, sagt Elenia. »Meine Schwiegermutter kann nicht kochen, glaubt nicht an autoritäre Erziehung und ist komplett unreligiös, während meine Mutter ... na ja ... eben ganz das Gegenteil ist«, sagt Elenia lachend.

Die Erziehungsmodelle der 60er-Jahre sind heute unter dem Sammelbegriff »antiautoritäre Erziehung« bekannt. Als Absetzbewegung zu einer auf Autorität, strengen Grenzen und Vorgaben beruhenden Erziehung wollte die Nachkriegsgeneration neue Wege gehen und eine neue Form der Erziehung praktizieren. Statt Gehorsam sollten individuelle Freiheit, Selbstbestimmung und das freie Ausleben der eigenen Kreativität des Kindes im Vordergrund stehen.

Pädagogen beriefen sich auf Reformer wie Maria Montessori, die in den 60er-Jahren wiederentdeckt wurde. Montessori verteidigte die Idee, dass alle Kinder grundsätzlich gut seien und man sie sich nur ihrer Natur gemäß entfalten lassen müsste. Ein besonders berühmtes Beispiel für diesen Erziehungsansatz ist die Summerhill-Schule, die bereits in den 20er-Jahren vom schottischen Pädagogen Alexander Neill in England gegründet wurde. Als Lehrer hatte er bereits während des Ersten Weltkrieges einen neuen eigenwilligen Unterrichtsstil erprobt, bei dem die Schüler völlig ohne Zwang lernen konnten und frei waren, den Unterricht zu verlassen, wenn sie es wollten. Als demokratische Schule wurden die Regeln der Schule von Lehrern und Schülern gleichermaßen erarbeitet. Als 1969 sein Buch *Theorie und Praxis der antiautoritären Erziehung. Das Bei-*

*spiel Summerhill*[16] herauskam, wurde es augenblicklich zu einem Bestseller. In Deutschland entstanden zu dieser Zeit sogenannte »Kinderläden«, Einrichtungen, die von Eltern selbst verwaltet wurden und in denen Kinder dazu ermutigt wurden, sich selbst völlig frei von Zwängen auszuleben.

Die damaligen Hippie-Kinder sind heute selbst erwachsen. Nicht alles, was sie erlebt haben, sehen sie heute positiv. Manche kritisieren, dass sie in ihrer Kindheit zu wenig Halt und Anleitung gehabt hätten. So rechnet etwa die Autorin Katharina Wulff-Bräutigam[17] mit ihrer eigenen antiautoritären Erziehung ab, indem sie zeigt, wie sie die übermäßige Liberalität und Flexibilität der Eltern vor allem als Vernachlässigung erlebt hat.

Trotz aller kritischen Töne haben wir alle jedoch von der Liberalisierung profitiert. Auch Elenia hat von der liberalen Einstellung ihres Mannes viel gelernt, allem voran, ihre Ängste im Zaum zu halten.

»Wie machst du das?«, frage ich. »Die Angst im Zaum zu halten?«

»Indem ich den Horrorfilm, der sich vor meinem geistigen Auge abspielt, wenn die Kinder mal alleine unterwegs sind, einfach unterbreche. Und sage: ›So, jetzt Filmriss!‹«

Einfach Vertrauen zu haben und gelassener zu sein und nicht immer das Schlimmste zu erwarten, das sei ihre größte Herausforderung gewesen. Dabei habe sie sich viel von den deutschen Müttern abschauen können.

»Ich kann mich noch gut an ein Erlebnis erinnern, das mich nachhaltig geprägt hat. Da saß ich mit meinem einjährigen Sohn und einer deutschen Mutter und ihrem Kind am Spielplatz in einer Sandkiste, als dieser plötzlich anfing, sich Sand in den Mund zu stecken. Ich war ziemlich entsetzt und wollte sofort der Mutter helfen einzugreifen, die aber winkte nur ab und sagte: ›Lass mal, das wird er schon merken, dass das nicht schmeckt. Von Sand stirbt man nicht.‹ Diese Gelassenheit hat mich so beeindruckt, dass ich mir damals gesagt habe: So will ich auch mal sein!«

Entspannt in der Erziehung zu sein ist natürlich ein Wunsch vieler Eltern. Kein Wunder also, dass auch viele Erziehungsratgeber sich mit dieser Frage beschäftigen. So raten etwa die Autoren Marion und Werner Tiki Küstenmacher[18] Eltern vor allem, Zeitdruck abzubauen, Überfürsorglichkeit sowie Perfektionismus zu vermeiden und sich zu trauen, auch mal langweilig zu sein. Wer seinen Kindern dauernd etwas biete, überlaste sie.

»Dieses Vertrauen in die Kinder zu haben und sie selbst ihr Leben leben zu lassen, das finde ich sehr schön«, sagt Elenia. »Irgendwie ist Erziehung wie eine Blume: Man pflanzt einen Samen, und dann kann man einfach zusehen, wie sich die Blume entwickelt. Natürlich muss man auch immer wieder gießen und gute Erde hinzugeben, aber die Blume entfaltet sich von selbst.«

## Elenias Erziehungstipps

1. Versuche, deine Ängste in Bezug auf das, was deinen Kindern alles zustoßen könnte, in Schach zu halten.
2. Wenn Missgeschicke passieren, bleib gelassen.
3. Freu dich daran, dass du deinen Kindern beim Wachsen zusehen kannst. Und denk daran: Das meiste entwickelt sich von selbst!

# 20 Soraya aus dem Iran, oder:
## Warum es wichtig ist, ruhig zu atmen

Ich treffe Soraya in einem schicken Vorort von München. In ihrem gepflegten Haus macht mir die offene und sympathische Iranerin einen köstlichen weißen Tee. Soraya kommt aus dem Iran und lebt in Deutschland, seitdem sie vierzehn ist. Ihre Tochter ist zehn Jahre alt, ihr Sohn acht. Ihren Mann, der ebenfalls aus dem Iran stammt, hat sie hier in Deutschland kennengelernt. Er arbeitet viel und ist oft unterwegs. Sie selbst als ausgebildete Zahnmedizinerin hingegen hat sich für das Modell Teilzeit entschieden. »Für mich ist es ideal. Ich kann arbeiten und bin nachmittags dennoch für die Kinder da.«

Ich frage Soraya nach ihrer Kindheit im Iran.

»Im Grunde ist es gar nicht so anders als hier«, sagt Soraya. »Vielleicht mit der Ausnahme, dass im Iran extrem viel Wert auf Höflichkeit und Respekt Älteren gegenüber gelegt wird. So müssen viele Kinder bis heute ihre Eltern siezen.«

»Wie kriegt man das hin mit dem Respekt?«, frage ich.

»Na ja, notfalls mit Strafen. Erst ermahnt man die Kinder, und wenn sie nicht hören wollen, müssen sie in ihr Zimmer gehen. Notfalls bekommen sie auch Hausarrest.«

Auch sie sei, so erzählt sie mir, eher streng, was Höflichkeit und Respekt betrifft. Das sei ihrem Mann und ihr sehr wichtig. Allerdings habe sie in den Jahren gemerkt, dass sie mit Strafen nicht viel ausrichten könne. Als ihr Sohn zum Beispiel mal eine Zeit lang nicht so gut in der Schule war, hatte sie ihm verboten, Schokolade zu essen. Das hat ihn zwar geschmerzt, die Noten sind davon aber auch nicht besser geworden.

»Was macht man also, wenn man mit Strafen nicht weiterkommt und es Konflikte gibt?«, frage ich.

»Nun, als Erstes konzentriere ich mich auf mich selbst und atme erst einmal tief ein und aus. Das habe ich beim Yoga gelernt. Und es hilft enorm, um nicht gleich die Nerven zu verlieren. Als Zweites rede ich mit meinen Kindern. Und zwar so lange, bis das Problem gelöst ist. Allerdings nicht gleich. Gleich und sofort ein Problem lösen zu wollen geht praktisch nie! Ich warte, bis es einen geeigneten Zeitpunkt gibt, und dann wird geredet.«

Außerdem, so erzählt mir Soraya, sei sie sehr darauf aus, dass beide Kinder sich genügend körperlich betätigen. Denn das verhelfe nicht nur Erwachsenen, sondern auch Kindern zu mehr innerer Balance. So spielt ihr Sohn in einem Fußballclub, ihre Tochter in einem Hockeyclub.

Im Iran war ihre Mutter als Familientherapeutin tätig. Wenn Soraya nach der Schule manchmal ihre Mutter in der Praxis besuchte, dann konnte sie durch die Wand hören, was ihre Mutter so machte. Ich frage sie, was sie beim Mitanhören der stundenlangen Therapiesitzungen ihrer Mutter gelernt hat. »Na ja, das meiste konnte ich gar nicht so richtig verstehen, ich war ja noch so jung. Aber was ich vor allem mitgenommen habe, ist das Wissen, dass es ein Leben ohne Probleme nicht gibt. Wer lebt, durchläuft Krisen, erlebt Höhen und Tiefen, und das ist auch ganz normal. Gleichzeitig glaube ich fest daran, dass es für jedes Problem eine Lösung gibt, auch wenn der Weg bis dahin oft lang ist. Aber es lohnt sich. Oft geht es ja auch um Missverständnisse, die man dann aus dem Weg räumen kann.«

Ich frage Soraya danach, ob ihr an den Deutschen und ihrer Art, Kinder zu erziehen, irgendetwas Besonderes aufgefallen ist, als sie selber Mutter wurde. Soraya lacht.

»Diese Pünktlichkeit, diese Regeln. Um die und die Zeit gibt es Essen, und dann musst du ins Bett. Das fand ich am Anfang ziemlich lächerlich. Im Iran gehen die Kinder nicht vor 22 Uhr schlafen. Aber mittlerweile bin ich selbst ein ganz großer Anhänger der deutschen Pünktlichkeit geworden. Ich glaube, dass feste Zeiten und feste Rhythmen das Leben der Kinder viel einfacher machen. Und so gibt es jetzt auch bei uns, der persischen Familie, ein frühes Abendessen, nach dem die Kinder gleich ins Bett gehen!«

In der Tat hat die britische Forscherin Yvonne Charlotte in einer groß angelegten Studie feststellen können, wie wichtig regelmäßiger Schlaf und beständige Bettzeiten für Kinder sind, weil dadurch die geistige Entwicklung gestärkt wird.

Eine andere Sache, die Soraya an der Erziehung in Deutschland gut findet, ist, dass Kinder zu mehr Selbstständigkeit erzogen würden. Kinder seien im Iran oft »zu verhätschelt«. Ob der Erziehungswissenschaftler Albert Wunsch mit Sorayas Diagnose einverstanden wäre, ist zweifelhaft, kritisiert er in seinem Bestseller *Abschied von der Spaßpädagogik* (2003) auch deutsche Mütter und Väter doch dafür, ihre Sprösslinge allzu sehr zu verwöhnen und so eine Generation von Kindern heranzuziehen, die an einem Mangel an Leistungsbereitschaft leidet. Angesichts der vielen psychischen Auffälligkeiten von Kindern in wohlhabenden westlichen Gesellschaften, so Wunsch, sei es an der Zeit, diese Pädagogik gründlich zu überdenken.

Dass der konservative und erzkatholische Wunsch damit

nicht nur Fans anspricht, sondern auch heftige Kritik auf sich zieht, liegt auf der Hand, erinnern seine Thesen zum Teil durchaus an einen Rückfall in die autoritäre Erziehung der Vorkriegszeit. Und doch ist nicht zu verhehlen, dass er in manchen Punkten wie etwa dem Mangel an Resilienz und Arbeitsmoral vieler Jugendlicher einen wunden Punkt getroffen hat.

Ich frage Soraya, was sie sich selbst für einen Erziehungstipp geben würde, wenn sie eine Zeitreise machen könnte und sich in die Zeit zurückbeamen könnte, in der ihre Kinder noch klein waren. Sie überlegt.

»Die Tage, an denen meine Kinder geboren wurden, waren die beiden glücklichsten Tage meines Lebens. Ich habe vor Glück geweint. Und doch würde ich mir selbst mehr Zeit für mich verordnen. Und seien es auch nur ein paar Stunden.«

Heute geht sie jeden Dienstag in ihre Yogastunde und trifft sich hinterher mit Freundinnen. Dieser halbe Tag sei ihr heilig. »Am Abend kann ich dann wieder Mama sein, aber diese paar Stunden nur für mich sind mir sehr wichtig. Sie geben mir Kraft, und ich kann wieder auftanken.«

Soraya erzählt mir, dass sie vor einigen Jahren an Krebs erkrankt war. Sie bekam eine Chemotherapie. »Verheimlichen konnte ich es ohnehin nicht, also bin ich ganz offen mit dem Problem umgegangen. Habe den Kindern erzählt, was passieren wird und dass sie verstehen müssten, wenn mir jetzt die Haare ausfielen, ich mal schwach sein würde oder auch mal schlechter Laune.«

Sie hätten sofort Verständnis gehabt. Nur die Sache mit der Perücke, die sie später tragen musste, war für den Sohn am Anfang schwierig. Er habe sich geschämt, und es sei ihm peinlich gewesen. Aber Soraya sei so offen mit ihrer Krankheit umgegangen, dass ihr Sohn irgendwann auch lernte, unbeschwert mit der Tatsache umzugehen, dass seine Mutter eine Perücke trug.

Unterdessen sind Sorayas Haare wieder lang und dicht geworden. Von der Krankheit keine Spur. Seit dieser Zeit, so erzählt sie mir, gönne sie sich diese »Aus-Momente«. Und Yoga helfe ihr dabei besonders. »Es klingt vielleicht verrückt, aber zu lernen, ruhig zu atmen, kann einem das Leben wirklich erleichtern!«

## Sorayas Erziehungstipps

1. Akzeptiere, dass es im Zusammenleben mit Kindern Probleme gibt.
2. Wenn du krank bist, gehe offen mit dem Thema um und fordere ruhig Verständnis von deinen Kindern ein.
3. Lerne, ruhig zu atmen. Dann geht alles besser!

# 21 Kristina aus Serbien, oder: Ein Hoch auf die Langeweile!

Ich treffe Kristina in einem kleinen Café in München. Kristina lebt seit drei Jahren in der Stadt. Sie und ihr Mann kennen sich, seit sie klein waren, er kommt aus dem gleichen kleinen serbischen Dorf wie sie. Kristina hat ein strahlendes Lächeln. Sie trägt ein leuchtend rotes Kleid, das ihre positive Grundstimmung gut widerspiegelt.

»Nach der Schule wurden rasch die Hausaufgaben gemacht, und dann hieß es: raus auf die Straße. Wir waren immer draußen und haben zusammen gespielt. Wir haben bei Freunden übernachtet und viel Spaß gehabt.«

Sie findet es schade, dass es mit dem Spielen für die Kinder hier so kompliziert sei. »Die Kinder haben nachmittags so viele Aktivitäten, da kann man sich gar nicht spontan verabreden, das muss man wochenlang im Voraus planen. Das kann doch nicht gut sein«, sagt Kristina. »Ich glaube, Langeweile ist für die Kinder sehr wichtig. Wann sonst können sie einfach Kinder sein? In einer freien Zeit, also einer richtig freien Zeit, können sie unbeschwert mit anderen Kindern spielen, kleine Dinge in der Natur entdecken und sich selbst spüren.«

Mit ihrer Diagnose steht Kristina nicht allein da. Viele Pädagogen bemängeln heutzutage den sogenannten »Freizeitstress«, dem gut meinende Eltern ihre Kinder aussetzen, indem sie ihre Freizeit mit diversen Aktivitäten verplanen. Kinder benötigen aber auch freie Zeit zum Spielen. Und für Langeweile. Nicht verplante Momente sind schließlich genau jene Momente, in denen Menschen nicht nur kreativ werden, sondern sich auch geistig erholen.

Ich frage Kristina, worin sie den größten Unterschied zwischen der Kindererziehung in Serbien und der in Deutschland sieht. Sie muss nicht lange nachdenken.

»In Serbien ist man als Mutter nicht allein. Nicht nur die Großeltern helfen mit, auch die Mütter helfen sich gegenseitig – was natürlich eine große Erleichterung ist. Hier in Deutschland habe ich das Gefühl, alles allein machen zu müssen.«

In ihrer eigenen Kindheit war Kristina viel und gerne bei ihrer eigenen Großmutter.

»Sie hatte sieben Enkelkinder, und die waren ständig bei ihr«, sagt sie und lacht. Zum Glück kommen regelmäßig ihre eigene und ihre Schwiegermutter aus Serbien zu Besuch und würden dann viel mit ihren beiden Töchtern – im Alter von vier und dreizehn Jahren – spielen.

»Was ist dein Geheimnis im Umgang mit deinen Kindern?«, frage ich Kristina.

»Reden«, sagt sie. »Reden und reden und noch mal reden.«

Dass die Kinder ihr alles sagen können, steht für Kristina an oberster Stelle.

»Ich höre mir immer an, was meine Kinder zu erzählen haben. Dass man über alles reden kann, ist für mich sehr, sehr wichtig. Als wir nach Deutschland kamen, war es zum Beispiel für die Älteste nicht ganz einfach. Sie musste eine neue Sprache lernen, sich in einer neuen Umgebung zurechtfinden. Ich habe sie immer dabei ermutigt, ihre Sorgen und Nöte mit uns zu teilen.«

Bei der Kleinen, so erzählt mir Kristina, war der Umzug hingegen überhaupt kein Problem.

»Wie gehst du mit Konflikten zwischen den beiden Schwestern um?«, frage ich Kristina.

Sie seufzt. »Leider ist die Älteste immer eifersüchtig. Sie glaubt, ich würde die Kleine mehr lieben als sie, weil ich mich angeblich mehr um sie kümmere, aber das stimmt nicht.«

Mit diesem Problem ist Kristina nicht allein. Wie Forscher zeigen, ist es bei Geschwisterrivalitäten fast immer so, dass sich das älteste Geschwisterkind weniger geliebt fühlt als die jüngeren Geschwister, mit denen es sich deshalb in ständigem Konkurrenzkampf befindet. Dass Eltern mit ihrem Erstgeborenen im Übrigen durchschnittlich dreitausend Stunden mehr Spielzeit verbringen als mit jedem später geborenen Kind, wie jüngst ein US-Forscher herausfand, ändert daran nichts.

Für den Geschwisterforscher Frank J. Sulloway ist klar: Die Konkurrenz um elterliche Aufmerksamkeit ist ein Teil unseres genetischen Erbes. Je nach Konstellation entwickle jedes Geschwisterkind seine eigenen Strategien, um damit umzugehen. Diese Strategien prägen uns oft jahrzehntelang. Dabei gibt es für jede Position typische Verhaltensmerkmale. So seien älteste Kinder, denen zunächst die größte Aufmerksamkeit gilt, auch diejenigen, von denen man am meisten erwarte. Sie seien daher oft erfolgreicher und gewissenhafter und auch am eifersüchtigsten, da sie als Einzige wüssten, wie es sich anfühlt, alleiniges Kind zu sein. »Entthronungstrauma« nennen Psychologen den Schmerz des oder der Erstgeborenen, der entsteht, wenn ein zweites Kind auf die Welt kommt.

Erstgeborene machten folglich oft von der »Kraft des Stärkeren« Gebrauch, was die Spätgeborenen damit kompensieren, einfühlsamer zu sein als ihre älteren Geschwister. In der Statistik schlage sich dies dadurch nieder, dass Erstgeborene einen um 2,3 Punkte höheren Intelligenzquotienten haben, oft Karriere als Firmenchefs machten und in der Regel auch eine längere Ausbildung machen, Jüngere hingegen den Mut haben, neue Wege zu gehen, und aufgeschlossener für Abenteuer sind. Ihnen hat Sulloway den Titel seines Buches gewidmet: *Der Rebell der Familie*[19].

Wie also geht Kristina mit Geschwisterrivalität um?

»Ich versuche meiner Tochter immer wieder zu erklären, dass das, was sie empfindet, falsch ist. Ich habe ein schönes Bild dafür. Ich sage ihr: ›Schau mal, es ist wie mit einer Hand. Eine Hand hat fünf Finger, und jeder gehört dazu. Man kann nicht sagen, dass man den einen Finger mehr liebt. Und so ist das mit mir und euch beiden. Ich hab euch gleich lieb.‹«

Auch versuche sie, immer wieder Zeit mit einem Kind alleine zu verbringen.

»Das ist schön für mich und schön für das Kind, das dann mich und meine Aufmerksamkeit ganz für sich allein haben kann. Aus diesen schönen Momenten schöpfen wir viel Kraft.«

## Kristinas Erziehungstipps

1. Achte darauf, dass dein Kind genügend freie Zeit hat.
2. Schaffe bei den Unterhaltungen mit deinen Kindern eine Atmosphäre der Offenheit, in der sich das Kind mit seinen Gefühlen und seinen Problemen akzeptiert und angenommen fühlen kann.
3. Versuche mit jedem deiner Kinder auch mal Zeit allein zu verbringen.

## 22  Ashanti aus Kenia, oder:
## Es wird gegessen, was auf dem Tisch steht

Ich treffe Ashanti in einem kleinen italienischen Lokal. Es ist ein kalter grauer Februartag. Für eine Kenianerin eine ziemliche Zumutung. »Was für eine Kälte!«, sagt sie. Schon mehrere Tassen heißen Kaffee habe sie heute Morgen getrunken, daher bestellen wir Wasser. Kennengelernt habe ich Ashanti auf einer Faschingsparty, wo mein Sohn und ihre Tochter zusammen getanzt hatten.

2010 kam sie nach Deutschland. Da ihre Ausbildung nicht anerkannt wurde, musste sie eine zweite Ausbildung als Pflegerin absolvieren und arbeitet nun in einem Heim für Behinderte.

»Ich war das jüngste von sechs Geschwistern. Was in meinem Fall bedeutet hat, dass sich meine Eltern nicht viel um mich gekümmert haben. Ich glaube, dass sechs Kinder zu viel sind. Jedes Kind will doch von seinen Eltern Aufmerksamkeit, und bei sechs Kindern ist das einfach nicht möglich.«

Ashanti genießt es, nur ein Kind zu haben, genauso wie die Freiheit, die Frauen in Europa und speziell in Deutschland haben. »In Kenia ist der Mann das Oberhaupt der Familie. Wenn er nach Hause kommt, dann muss die Frau ihm den Mantel abnehmen, ihn fragen, was er trinken will, und ihn umsorgen. Eine Frau kann sich in Kenia nicht von ihrem Mann scheiden lassen. Wenn es Probleme gibt, müssen sie zu ihren

Eltern gehen, die dann eine Lösung finden. Ich finde es besser, dass eine Frau sich scheiden lassen kann, wenn sie es wünscht.«

Die Situation der Frauenrechte in Kenia wird von vielen westlichen Organisationen angeprangert: die mangelnde Absicherung in der Ehe, die Beschneidungspraxis und auch die Gewalt gegen Frauen sind dort ein großes Problem. Dass ihre Tochter hier frei aufwachsen kann, findet Ashanti wunderbar. »Sie wird später selbst entscheiden, wen sie heiratet, was sie arbeitet. Sie soll machen, was sie will.« Auf dem Weg dahin aber muss ihre Tochter erst einmal ihrer Mutter gehorchen. »Ich bin lieb, aber auch streng. Da bin ich eigentlich wie alle Mütter in Kenia.«

Sie gibt mir dafür ein Beispiel: Wenn Erwachsene sprechen, darf das Kind sie nicht unterbrechen. Und wenn ein Gast nach Hause kommt, dann müssen die Kinder das Wohnzimmer verlassen. Ich höre Ashanti mit gemischten Gefühlen zu. Und doch: Wie oft habe ich mir gewünscht, in Ruhe mit meinem Mann reden zu können, ohne ständig unterbrochen zu werden? Und wie oft wollte ich, wenn eine Freundin zu Besuch war, in Ruhe mit ihr allein sein können?

Auch dass sie von ihrer Tochter verlangt, das zu essen, was auf dem Tisch steht, stimmt mich zunächst skeptisch. Und trotzdem: Wie oft bin ich darüber verzweifelt, dass meine drei Kinder nach drei verschiedenen Gerichten verlangen? Könnte man da selbst als grundsätzlich liberal gestimmte Mutter nicht wenigstens zuweilen ein bisschen kenianisch werden?

Was Ashanti mir in puncto Familienzusammenhalt erzählt, erinnert an das, was Abeba aus Äthiopien berichtet hat: Familien leben oft in einem einzigen Haus zusammen und helfen sich gegenseitig. Wenn Eltern alt werden, werden sie selbstverständlich von ihren Kindern gepflegt. In ihrer Ausbildungszeit in Deutschland hat Ashanti einmal in einem Altenheim gearbeitet. Dass es überhaupt Altersheime geben muss, findet sie traurig. Sie selbst hat mit acht Jahren ihre Großeltern gepflegt, sie gewaschen, gefüttert und zur Toilette gebracht. Das sei etwas ganz Normales gewesen, sagt Ashanti. Auch, dass sie deren Tod hautnah mitbekommen hat.

Was das Thema »Kinder und Tod« betrifft, findet man in vielen Ratgebern die Überzeugung, dass kleine Kinder nicht in der Lage sind, den Tod zu verstehen.

Für Ashanti und die meisten Kinder in Kenia gilt das nicht. »Sterben ist etwas ganz Natürliches«, sagt sie. Sterben und Tod ist in unserer auf die Jugend fixierten Gesellschaft ein Tabuthema und wird von den meisten Menschen als etwas sehr Negatives angesehen. Verständlich also, dass Eltern ihre Kinder von diesem ungeliebten Thema fernhalten wollen.

Trotzdem raten manche Psychologen Eltern etwa dazu, in einem Trauerfall dem Kind das Abschiednehmen nicht zu verwehren. So sieht es auch der Trauerbegleiter Oliver Junker.[20] Kinder bräuchten Informationen, die man ihnen auf kindgerechte Weise geben sollte. Dabei sei es wichtig, Kinder nicht nur über die Umstände des Todes zu informieren, sondern sie auch beim Abschiednehmen miteinzubeziehen. Er rät sogar dazu, die Kindern die Toten sehen zu lassen, wenn sie es wollen. »Kinder müssen begreifen«, so schreibt er auf seiner Homepage, »dass der Mensch gestorben ist. Nur so können sie auch wirklich trauern.«

Ich muss an meine eigene von mir geliebte Großmutter denken, die vor zehn Jahren gestorben ist. Meine älteste Tochter wollte damals unbedingt mitkommen und sehen, wie sie aufgebahrt wurde. Ich hatte ihr damals diesen Wunsch verwehrt. Mir war nicht wohl bei dem Gedanken, sie mit dem Tod und dem Anblick einer Toten zu konfrontieren. War das möglicherweise ein Fehler gewesen? Weil ich damit meine eigene Angst und Tabuisierung des Themas »Tod« so auch an mein Kind weitergegeben habe? Meine Tochter hat es mir jedenfalls jahrelang nachgetragen.

Ich frage Ashanti nach ihrer Schulausbildung.

»In Kenia ist es schwer, eine gute Ausbildung zu bekommen. Man muss die Uniform und die Bücher selbst bezahlen und in den öffentlichen Schulen sind die Lehrer meistens recht schlecht.«

Ashanti hatte Glück: Sie konnte nach der achten Klasse noch vier Jahre »Highschool« dranhängen und dann ihren Abschluss machen. Schön war es trotzdem nicht.

»In der Schule ging es sehr streng zu«, erzählt sie. »Die Lehrer schlugen einen, wenn man schlechte Noten hatte.«

Auch in Deutschland war es bis in die 30er- und 40er-Jahre üblich, dass Lehrer Schüler mit schlechten Noten oder schlechtem Benehmen schlugen. Erst 1960 wurde es offiziell verboten. Heute sind sich wohl alle einig, dass körperliche Gewalt in der Schule nicht nur die Würde der Kinder verletzt, sondern auch kontraproduktiv für die Leistungen ist. So haben etwa Forscher aus Pittsburgh in einer groß angelegten Studie zeigen können, dass unter den Schülern, die besonders viel Gewalt und Aggression ausgesetzt waren, ein deutlich höherer Anteil die Schule abbrach.

Heute, sagt Ashanti, sei es mit dem Schlagen in den Schulen Kenias ein wenig besser geworden, aber sicher ist sie sich nicht.

Ashanti sagt, ihr Leben sei insgesamt sehr hart gewesen. So wie für die meisten Kenianer. Trotzdem seien die Kinder dort glücklicher.

»Warum?«, frage ich. »Kannst du dir das erklären?«

Ashanti zuckt mit den Schultern.

»Wenn das Geld fehlte, gab es bei meinen Eltern kein Frühstück, manchmal auch kein Abendessen. Dann stand ich eben auf und sagte mir: ›Ich habe zwar nichts zu essen, aber das heißt nicht, dass der Tag nicht schön werden kann. Mal sehen, was der Tag so bringen wird.‹ Und siehe da, kurz darauf findet man dann jemanden, der gerade Geld hat und der sein Essen mit dir teilt. Jeder Tag bringt etwas Neues. Man darf nur nicht in der Ecke hocken und sich verkriechen.«

Es scheint paradox: Kann es wirklich sein, dass Menschen aus armen Regionen glücklicher sind als wir?

Ja, kann es. Und es gibt sogar einen Namen dafür: Das Easterlin-Paradox, benannt nach dem US-amerikanischen Ökonomen Easterlin, der wissen wollte, wie Einkommen mit einem subjektiven Glücksempfinden zusammenhängt. In seiner Studie aus dem Jahre 1974 kam er zu dem Schluss, dass nur ein minimales Maß an Einkommen (also eines, bei dem grundlegende Bedürfnisse gestillt werden können) für ein glückliches Leben wichtig ist. Dies passt gut zu den Erkenntnissen der World Health Organisation (WHO), die herausfand, dass unter den westlichen wohlhabenden Gesellschaften die Menschen sogar durchweg mehr an psychischen Krankheiten litten als im Rest der Welt.

Ist das der Grund, warum Ashanti nach der Volljährigkeit ihrer Tochter wieder zurück in ihr Heimatland gehen will? Für Ashanti ist klar: Kenia ist ihre Heimat, dort fühlt sie sich am glücklichsten. »Ob meine Tochter dann mit mir gehen will, muss sie selbst entscheiden.«

Bevor wir auseinandergehen, fällt Ashanti noch etwas ein, das sie mir in Bezug auf die Unterschiede zwischen Familien in Kenia und Familien in Deutschland sagen möchte: »Die Durchsichtigkeit!«

»Was meinst du damit?«, frage ich.

»Die Durchsichtigkeit in Bezug auf Probleme! In Kenia bewahrt jede Familie ihre Geheimnisse für sich selbst. Wenn es Probleme gibt, werden die innerhalb der Familie ausgemacht. In Deutschland werden die Probleme immer offen ausgesprochen und mit anderen geteilt.« Sie könne nicht verstehen, wie das helfen solle. »Man muss doch nicht immer alles erzählen«, sagt sie. »Schließlich hat jeder Mensch ein Recht auf seine Privatsphäre. Auch Kinder dürfen Dinge für sich behalten. Jedenfalls wenn es nichts Schlimmes ist, das man gemeinsam bereden muss«, sagt Ashanti.

Das Recht auf Privatsphäre ist nicht zufällig Teil der Kinderrechts-Charta der Vereinten Nationen. Mit vier Jahren etwa, so Entwicklungspsychologen, beginnen Kinder ein Bewusstsein dafür zu entwickeln, dass Eltern auch nicht alles wissen können, und fangen an, bewusst manche Dinge geheim zu halten. Diese Phase, so Psychologen, sei sehr wichtig, weil sie eine Abgrenzung des Kindes erlaubt, die für die Entwicklung seiner Identität bedeutend ist.

»Jeder Mensch hat Geheimnisse, und das ist auch gut so«, sagt Ashanti. »Wenn ich alles immer mit allen teilen würde, würde mir das etwas nehmen und mich schwach machen.«

## Ashantis Erziehungstipps

1. Tod und Krankheit sind ein natürlicher Teil des Lebens. Wenn es in deiner Familie einen Todes- oder Krankheitsfall gibt, musst du es nicht vor deinem Kind verstecken.

2. Es ist erlaubt, auch mal ganz kenianisch zu sagen: Du isst was auf den Tisch kommt, oder dein Kind rauszuschicken, wenn du dich alleine mit deiner Freundin unterhalten willst.

3. Erlaube deinem Kind, Geheimnisse zu haben und seine Privatsphäre zu pflegen.

# 23 Najiba aus Afghanistan, oder: Schau hin, wenn dein Kind Probleme hat!

Ich besuche Najiba bei sich zu Hause. Sie wohnt mit ihrem afghanischen Mann und ihren drei Kindern, zwei Söhnen im Alter von zweiundzwanzig und achtzehn und ihrer kleinen achtjährigen Tochter, in einem hübschen Reihenhäuschen am Rande der Stadt. Auf dem Boden liegt ein schöner roter langer Teppich. »Ein Stück Heimat«, sagt Najiba. Im Wohnzimmer steht eine dunkle Ledercouch, dahinter hängt ein großes Foto ihrer Familie. Darauf sieht man sie, ihren Mann und ihre drei Kinder in traditionellen afghanischen Gewändern. Eine Frau mit einem ebenmäßigen ernsten Gesicht und dunklen, langen dichten Haaren. Einen Schleier trägt Najiba nicht. Auch ihre Mutter, die auf einem großen eingerahmten Familienfoto weiter hinten auf einem Regal zu sehen ist, trägt nur ein weißes Kopftuch.

Najiba bittet mich, Platz zu nehmen, ihre Tochter begrüßt mich und verschwindet dann auf ihr Zimmer. Sie habe versprochen, Hausaufgaben zu machen, sagt mir Najiba.

Najiba ist in Kabul aufgewachsen, eine Stadt, die wir in Deutschland nur von Kriegsbildern im Fernsehen kennen. »Als ich in die erste Klasse kam, ging bei uns der Krieg los. Ich bin also in den Kriegsjahren groß geworden. Eine richtige Kindheit hatte ich nicht.«

Najiba hat sechs Geschwister. Alle außer einem Bruder sind

irgendwann ins Ausland gegangen. Ihre älteste Schwester ist Rechtsanwältin in Kanada, ein anderer Bruder lebt in Schweden, die anderen sind hier in Deutschland. Ihre Eltern sind vor einigen Jahren gestorben.

»Meine Eltern haben eine traditionelle Ehe geführt. Das heißt, dass meine Mutter sich aufopfernd um uns gekümmert und meinen Vater versorgt hat. Ohne sie hätte er nicht leben können. Afghanische Frauen machen alles für ihre Männer. Viel zu viel«, fügt sie hinzu.

Ich frage Najiba nach den Unterschieden zwischen Jungen- und Mädchenerziehung in Afghanistan. Najiba spricht langsam, aber präzise.

»Es gibt große Unterschiede zwischen Jungen und Mädchen. Jungen sind viel freier in dem, was sie tun. Sie dürfen nach draußen gehen, schwimmen, sich mit Freunden treffen, ins Kino gehen. Erst als ich in Deutschland war, habe ich zum ersten Mal ein Kino von innen gesehen. War ich vielleicht beeindruckt! Ich liebe das Kino. Meine ganze Kindheit habe ich – mit Ausnahme der Schule – quasi im Haus meiner Eltern verbracht. Das einzige Hobby, das ich hatte, war, Bücher zu lesen. Mein ältester Bruder hatte eine kleine Bibliothek in seinem Zimmer, da habe ich mich dann bedient. Ich habe alles gelesen. Krimis, Liebesgeschichten, europäische Geschichten, amerikanische, alles, was ich in die Finger bekam.«

Die Liebe zu Büchern hat Najiba auch ihrer Tochter vermittelt – was allerdings nicht heißt, dass sie nicht ab und zu auch fernsehen darf.

»Auch wenn ich so vieles anders machen will als meine Eltern, so merke ich doch, wie ich unbewusst meiner Tochter weniger erlaube als meinen Söhnen. Sie hat zum Beispiel noch nie bei einer anderen Freundin übernachten dürfen. Wahrscheinlich«, so sagt Najiba nachdenklich, »sind es nur meine eigenen Ängste, die da eine Rolle spielen. Vielleicht bin ich aber auch nur noch nicht so weit.«

Najiba meint die liberale Haltung der Europäer und der Deutschen im Besonderen. »Wir sind nicht so offen wie die Europäer«, gesteht sie. »Aber das wird sich vielleicht ändern. Alles ändert sich.« In der Tat, Najibas Leben ist von Veränderungen geprägt. »Als wir hierherkamen, hatten wir nichts. Wir haben uns alles selbst aufgebaut.«

Najiba und ihr Mann haben heute ein florierendes Taxigeschäft. Daran hat sie einen großen Anteil. Als ihr Mann damals seinen Taxischein gemacht hatte und sich selbstständig machen wollte, schien das Ganze zunächst an der Gewerbescheinprüfung zu scheitern, die, wie Najiba sagt, »nicht ganz ohne« ist. Vor allem für ihren Mann, der damals nicht so gut Deutsch sprach wie sie. Da hatte Najiba ihrem Mann vorgeschlagen, selbst die Prüfung abzulegen. Und so kam es, dass sie damals – als einzige Frau unter Männern – die Prüfung bei der Handwerkskammer abgelegt und bestanden hat.

»Wenn ich an meine Mutter denke, dann habe ich nur die Erinnerung an eine liebe Frau, die für uns gekocht hat und sich um meinen Vater und das Haus gekümmert hat. Aber was sie sonst so gemacht hat, also auch mit uns gemacht hat, das weiß ich nicht mehr.«

Ihr Blick schweift herüber zu den Nüssen, die sie in kleinen Schalen auf dem Holztisch verteilt hat. Sie bietet mir ein paar Walnüsse an.

»Ich will nicht, dass meine Kinder einmal über mich sagen: ›Was hat unsere Mutter eigentlich mit uns gemacht?‹«, fährt sie fort. »Als ich Mutter wurde, hatte ich mir vorgenommen, alles aktiv mit meinen Kindern zu teilen. Alles.« Najiba lächelt.

»Und was heißt alles?«, hake ich nach.

»Ich bin mit ihnen schwimmen gegangen, war mit ihnen in der Stadt unterwegs und hab mich sehr für ihr Schulleben interessiert. Keinen einzigen Elternabend habe ich verpasst. Ich wollte am Leben meiner Kinder teilhaben und mit ihnen lernen.«

»Und wie fanden deine Kinder das?«

Sie lacht. »Sie haben es akzeptiert.«

Najiba hat hier in Deutschland eine Ausbildung als Kinderpflegerin gemacht. Sie hat darum kämpfen müssen, denn einen Platz gab es für sie, da sie schon fast dreißig war, an der Berufsschule nicht. Daraufhin hat sie zu Hause gelernt und die Prüfung als Externe absolviert.

»Und jetzt«, sagt sie und zeigt sie auf einen Stapel Bücher auf dem Küchentisch, »lerne ich wieder für eine Prüfung. Diesmal für die Prüfung zur Erzieherin.«

In einem Monat sei es so weit, sagt sie nicht ohne Stolz.

»Ich wollte es unbedingt machen«, sagt Najiba. »Und zwar nicht in erster Linie, weil ich dann mehr Geld verdienen werde. Ich wollte es vor allem für mich selbst machen. Schließlich kann man sein Leben lang etwas dazulernen. Auch wenn die Kinder schon größer sind und man selbst nicht mehr ganz jung ist.«

Sie erzählt mir, dass sie, als sie sich zur Prüfung angemeldet hatte, ihre Kinder um Hilfe gebeten habe. »Ich habe ihnen gesagt: ›Ich war so viel für euch da. Jetzt müsst ihr auf mich Rücksicht nehmen und mir das ermöglichen.‹«

»Wie ist das mit all den Dingen, die du für deinen Beruf als Kinderpflegerin und jetzt als Erzieherin lernen musstest? Hat dich das auch in deiner Eigenschaft als Mutter weitergebracht?«

Najiba schüttelt den Kopf.

»Nein. Eigentlich nicht. Jedes Kind ist anders, und so muss man bei verschiedenen Kindern etwas anderes anwenden. Jede Frau hat ihre eigene Methode.«

»Und wie ist deine Methode?«, frage ich.

»Ich bin konsequent. Und zwar, weil ich glaube, dass die wichtigste Lektion im Leben eines Menschen die ist, dass alles, was wir tun, Konsequenzen hat. Das heißt aber auch, dass wir Verantwortung für unser Tun übernehmen müssen, und zwar gegenüber uns selbst, unserer Familie und der Gesellschaft.«

Und was noch?

»Außerdem glaube ich daran, dass man nicht wegschauen darf, wenn es Probleme gibt. Dass man dann mutig genug sein muss, sich einzumischen.«

Najiba erzählt mir von ihrem ältesten Sohn und davon, wie er plötzlich in der zehnten Klasse des Gymnasiums schlecht in Französisch wurde. Er, der bis dahin nur Einser gehabt hatte, schrieb plötzlich schlechte Noten.

»Woran liegt es denn?«, habe sie ihn gefragt. Er meinte, dass es an der Lehrerin läge, die ihn nicht mochte. Ständig würde sie ihn vor der Klasse zurechtweisen und demütigen. Er hatte sogar Angst vor ihr.

»Ich, die ich früher eine solche Angst vor Autoritätspersonen hatte, habe meinen ganzen Mut zusammengenommen und bin zu dieser Lehrerin gegangen. Zu Beginn«, so erzählt Najiba, »hat sie alles abgestritten, aber ich habe nicht klein beigegeben und ihr einfach gesagt, was ich von meinem Sohn wusste.«

Ab diesem Moment wurde alles besser. Die Lehrerin war netter zu ihm, er fühlte sich nicht mehr so missverstanden und begann, wieder für Französisch zu lernen.«

Im selben Jahr verliebte er sich in eine junge Kurdin.

»Es hätte mich nicht weiter gestört«, sagt Najiba, »wenn er nicht angefangen hätte, heimlich die Schule zu schwänzen, um mehr Zeit mit ihr zu verbringen.« An dem Tag, an dem sie von seinen schulischen Fehlzeiten und seinen Lügen erfahren hatte, habe sie die Adresse des Mädchens ausfindig gemacht und sei noch am selben Tag hingefahren. »Dann habe ich den Eltern gesagt, dass die Beziehung beendet ist und mein Sohn ihre Tochter nicht mehr wiedersehen würde.«

Ich schlucke.

»Und? Hat er sich daran gehalten?«

»Na ja, ein paar Wochen später war es ohnehin aus. Er hat dann sehr gelitten, aber ich wollte nicht, dass er sich alle Chancen auf sein Berufsleben verbaut. Wir hatten eine schwere Zeit damals. Die elfte Klasse wollte er dann gar nicht mehr machen – und das, obwohl ihm Schule immer so leichtgefallen war. Ich habe ihm dann einen Kompromiss vorgeschlagen: Wenn er nicht mehr aufs Gymnasium gehen würde, müsste er eine Lehre machen, und zwar sofort, ohne Zeit zu verlieren. Welche das sei, könne er selbst auswählen. Er hat dann die Ausbildung zum Systemingenieur gewählt. Und weißt du was? Er hat ab da keinen einzigen Tag gefehlt.«

Heute, so erzählt Najiba, hat er einen guten Posten in einer namhaften Firma. Eine Freundin hat er auch, eine Afghanin. Im nächsten Jahr soll geheiratet werden. Was bedeutet, dass Najiba und ihr Mann bei der Familie des Mädchens vorsprechen müssen. So will es die Tradition.

»Egal, was die Kinder gemacht haben, Eltern müssen immer für sie da sein. Gerade wenn es Probleme gibt«, so Najiba, »darf man nicht wegsehen, und manchmal muss man eben einschreiten.«

Es gab allerdings auch Momente, so sagt Najiba, in denen

sie nicht mehr weiterwusste. Da hat sie sich mit einer Psychologin aus dem Hort unterhalten, in dem sie arbeitet. Allein die Tatsache, sich einmal in Ruhe hinzusetzen und von den Problemen zu erzählen, hätte ihr schon geholfen, klarer zu sehen.

»Es ist keine Schande, sich Hilfe zu holen.«

Am Ende des Interviews bietet mir Najiba noch einen afghanischen Tee an, ohne den ich, wie sie sagt, nicht gehen dürfe. Es ist ein grüner Tee mit Kardamom. Er schmeckt köstlich.

Eines möchte sie gern noch loswerden: »Wenn man als Flüchtling hier ankommt, dann gibt es nur eines, das einem weiterhilft, und das ist: die Sprache, die Sprache und noch mal die Sprache.« Das wolle sie anderen Flüchtlingen mitgeben, und sie bittet mich, das unbedingt in meinem Buch zu erwähnen. Ich sage: »Versprochen«, werfe einen letzten Blick auf den schönen roten Teppich und mache mich auf den Nachhauseweg.

## Najibas Erziehungstipps

1. Wenn es ernsthafte Probleme gibt, schau hin und misch dich ein!

2. Wenn du mal nicht mehr weiterweißt, denk daran: Es ist keine Schande, mit einem Psychologen darüber zu reden und zu versuchen, gemeinsam Klarheit zu gewinnen.

3. Du kannst auch als Mutter dein Leben lang weiterlernen und dir selbst neue Ziele stecken – deine Kinder können dabei sogar deine Verbündeten sein.

## 24 Nadine aus der Schweiz, oder: Warum es sich lohnt, als Mutter Stoikerin zu sein

Nadine spreche ich während meines Skiurlaubs in der Schweiz an. Wir sind mit unseren Familien im gleichen Hotel. Eine freundliche blonde Frau mit blauen Augen und zwei Kindern im Alter von neun und vier Jahren. Vor einem knisternden Feuer in der Lobby setzen wir uns zusammen.

Aufgewachsen ist sie in einem kleinen Dorf in der Schweiz. »Wir haben in einem Haus am Waldrand gewohnt. Ich war mit meinen Eltern viel draußen, wir sammelten Pilze im Wald, schwammen im Sommer im See und verbrachten viel Zeit mit unserem Hund in der Natur.«

Nach einem kurzen Aufenthalt in Zürich kam Nadine wieder zurück in ihr kleines Dorf. Jetzt lebt sie mit ihrem Mann, der aus dem gleichen Dorf stammt, in der gleichen Straße, in der sie als Kind schon gespielt hat.

»Und wie ist das so, am gleichen Ort zu sein, an dem man aufgewachsen ist?«

»Schön«, sagt sie. »Sehr schön sogar. Die meisten Eltern der Kinder, mit denen mein Sohn in den Kindergarten geht, kenne ich noch aus meiner eigenen Kindheit. Es gibt einem ein Gefühl von Vertrautheit und Aufgehobensein, das ich nicht missen möchte. Auch dass es abends nur zwei Kneipen gibt, in die ich gehen kann, ist eine herrliche Sache. Da kann ich sicher sein, immer auch ein paar Leute zu treffen, die ich kenne.«

Dass sich ihr kleines Dorf unterdessen zu einer Art Mekka für Expats aus der ganzen Welt gemausert hat, hatte sie sich vorher nicht vorstellen können. Mittlerweile leben dort Menschen aus den USA, Brasilien, Deutschland und allen möglichen Ländern. Sie sind meist ziemlich wohlhabend, erzählt sie, und haben Nannys für ihre Kinder. Für sie selbst sei das keine Lösung. Die gelernte Primarlehrerin, also eine Lehrerin für Schweizer Grundschulen, hat nach der Geburt ihrer Kinder jeweils ein Jahr Pause gemacht. Daraufhin hat sie ihre Arbeit wieder aufgenommen – allerdings nur zu etwa dreißig Prozent. Während sie arbeiten ging, haben entweder ihre Mutter oder die Eltern ihres Mannes auf die Kinder aufgepasst, was, wie sie lachend sagt, für die Kinder »ein richtiger Kulturschock« gewesen ist.

»Bei meiner Mutter geht es viel um Natur, Tiere und Holzspielzeug. Sie hält nichts von Technik, sie hat nicht einmal ein Handy. Bei meinen Schwiegereltern hingegen werden die Kinder mit dem neuesten technischen Spielzeug überschüttet. Man kann sich wohl keinen größeren Kontrast zwischen den beiden vorstellen. Und doch haben die Kinder kein Problem damit. Sie wissen, bei der Oma am Waldrand gibt's den Wald und was zum Selbermachen, und bei Opi und Omi vom Papa den Computer und den Fernseher.«

»Und wie macht ihr es bei euch zu Hause?«

Nadine lacht. »Wir haben eine Mischung. Ich glaube, es hat keinen Sinn, die Kinder von Technik fernzuhalten. Aber ich muss es einschränken. Und auch ich gehe viel mit ihnen in die Natur. Ich glaube, das ist sehr wichtig für die Kinder.«

Dass Naturerfahrung für Kinder in der Tat von elementarer Bedeutung ist, sagt auch die Disziplin der sogenannten

»Naturpsychologie«, ein Zweig der Psychologie, der sich mit den positiven Wirkungen von Naturerfahrung beschäftigt. Studien zufolge hat Natur nicht nur eine beruhigende und ausgleichende Wirkung auf Kinder, sondern ist auch für die innere Entwicklung eines Menschen überhaupt wichtig.

Wenn Kinder sich in der Natur aufhalten, so der Psychologieprofessor Ulrich Gebhard[21], erleben sie nicht nur Bäume, Wiesen und Tiere, sondern können auch wichtige Selbsterfahrungen machen, etwa indem sie auf einem Stück unberührter Natur ihre Träume und Fantasien ausleben.

In Nadines Erziehung spielt nicht nur die Natur eine wichtige Rolle. Auch Bücher haben darin einen wichtigen Platz. »Ich lese ihnen jeden Abend vor und mache es auch immer zu etwas Besonderem, wenn sie ein neues Buch bekommen. Wir gehen dann gemeinsam in die Buchhandlung und kaufen ein neues Buch.«

Auch die immense Bedeutung des Bücherlesens für Kinder ist von Psychologen und Pädagogen immer wieder betont worden. Die Argumente dafür sind vielfältig: Bücher fördern nicht nur den Spracherwerb, stimulieren die Fantasie und das Wissen, sondern erweitern auch den Horizont und ermöglichen es, anhand von Geschichten das eigene Leben besser zu verstehen. Wer übrigens meint, dass Bücher, in denen Hexen und Zauberer vorkommen, in dieser Hinsicht weniger wertvoll seien als Sachbücher, irrt. So hat etwa die US-Psychologin Deena Weisberg in einem Versuch zeigen können, dass gerade das Lesen von Fantasybüchern sich förderlicher auf die Sprachentwicklung von Kindern auswirkt als das Lesen von Sachbüchern. Ihre Erklärung dafür lautet, dass Kinder dem Unerwarteten und Unbekannten mehr Aufmerksamkeit schenken als dem Bekannten.

Das trifft sich gut, denn Nadines Sohn mag vor allem Fantasybücher wie *Harry Potter* zum Beispiel. Nadine ist sehr stolz auf ihren Sohn. »Er liest nicht nur viel und ist gut in der Schule, sondern er ist auch sehr sozial, mitfühlend und kümmert sich rührend um seine kleine Schwester.«

»Wie war das für ihn«, frage ich, »als er ein Geschwisterchen bekam?«

»Nun, eine Woche bevor ich schwanger wurde, hat er zufällig zu mir gesagt, dass er sehr gerne eine kleine Schwester haben möchte. Du kannst dir nicht vorstellen, wie sehr ich da aufgeatmet habe, denn all die Jahre zuvor hatte er immer erzählt, dass er potenzielle Geschwister nach ihrer Ankunft aus dem Fenster schmeißen würde.« Nadine lacht. »Er hat seine Schwester dann nicht aus dem Fenster geworfen. Im Gegenteil. Er spielt mit ihr, singt ihr vor und ist stolz, sich um sie kümmern zu dürfen.« Ich frage Nadine, was das Geheimnis der guten Beziehung zwischen den beiden ist.

Sie erzählt mir, dass sie ihrem Sohn von Anfang an Verantwortung für seine Schwester übertragen habe. Also der gleiche Trick, den auch Familie Singh mit Erfolg angewendet hat. Bei ihrem Sohn habe es jedenfalls bestens funktioniert.

Eine Sache allerdings, gibt Nadine zu, stimmt sie immer wieder nachdenklich: Im Gegensatz zu anderen Kindern seien ihre Kinder »nicht einfach«. Beide seien sehr stur und würden sich nur schwer lenken lassen. Und das, obwohl sie sich aufopfernd um sie gekümmert und ihnen so viel Liebe geschenkt hat. Ist es vielleicht zu viel gewesen?

»Das klingt jetzt irgendwie komisch, aber als meine Tochter geboren wurde, hatte ich das Gefühl, dass es meinem Sohn auch guttun würde, jetzt nicht mehr im Mittelpunkt zu stehen. Vielleicht ist zu viel Aufmerksamkeit einfach nicht so gut für ein Kind.«

Dass zu viel Aufmerksamkeit zu einem Problem werden könnte, glaubt auch der Erziehungsexperte Jesper Juul: »Es gibt zwei Sätze, die wichtig sind. Der erste lautet: Wenn man im Zentrum steht, ist man immer einsam. Das gilt nicht nur für Chefs, sondern auch für Kinder. Der zweite lautet: Kinder fordern viel Aufmerksamkeit, brauchen aber nicht so viel, wie sie fordern. Eltern glauben wirklich, sie müssten ihren Kindern immer zur Verfügung stehen. Und darüber werden sie wahnsinnig. Die Lösung heißt: Weniger Aufmerksamkeit auf die Kinder richten, mehr auf sich selbst.«[22]

»Wenn du eine Zeitreise machen könntest und mit deinem Wissen von heute dir selbst als frischgebackener Mutter einen Rat geben könntest – was würdest du ihr sagen?«

Nadine denkt kurz nach. »Ich würde ihr sagen, dass es sich lohnt, von Anfang an konsequent zu sein. Andererseits sollte man sich auch gut überlegen, wofür man sich entscheidet, was man durchsetzen will. Man kann nicht an allen Fronten kämpfen.«

Dem kann ich nur zustimmen. Wenn ich verlange, dass der Hund ausgeführt, Englisch-Vokabeln gelernt und das Zimmer aufgeräumt werden soll, kann ich mir schon im Vorhinein ausrechnen, dass es bei jedem der drei Dinge gehörig Protest geben wird. Dann ist es besser, sich auf das zu konzentrieren, was man in jedem Fall erledigt wissen will, und für die anderen Dinge Kompromisse zu schließen.

Wir trinken unsere heiße Schokolade zu Ende. Seit Monaten, erzählt mir Nadine, haben sie und ihr Mann sich auf diesen Urlaub gefreut, jetzt sei ihre Tochter krank geworden und könne den Skiunterricht nicht mitmachen. Trotzdem sei sie entschlossen, sich ihre gute Laune nicht vermiesen zu lassen.

»Wie oft stellt man sich alles so schön vor, und wenn dann

etwas Unerwartetes passiert, ist man enttäuscht. Ich habe gelernt, dass es sich nicht lohnt, sich auf Dinge zu versteifen, die man ohnehin nicht ändern kann. Jetzt zum Beispiel sage ich mir: › Wenn sie dieses Jahr nicht Skifahren kann, dann kann sie es eben nicht. Ist auch kein Weltuntergang!‹«

Eine lohnenswerte und fast schon stoische Haltung, denke ich. Zumindest entspricht sie ganz dem, was der griechische Philosoph Epiktet in seinem berühmten *Handbüchlein der Moral* vertritt. Der griechische Gelehrte, der lange in einem römischen Haushalt als Sklave arbeitete, predigte immer wieder, wie wichtig es sei, zwischen den Dingen zu unterscheiden, die wir kontrollieren, und jenen, die wir nicht kontrollieren können.

»Von den Dingen stehen die einen in unserer Gewalt, die anderen nicht. In unserer Gewalt steht unser Denken, unser Tun, unser Begehren, unsere Abneigung, kurz: alles, was von uns selber kommt. Nicht in unserer Gewalt steht unser Leib, unsere Habe, unser Ansehen, unsere äußere Stellung – mit einem Wort alles, was nicht von uns selber kommt.«

Eltern können hier noch hinzufügen: auch all jene Unvorhersehbarkeiten, die von unseren Kindern kommen. Besonders Mütter täten in diesem Sinne gut daran, zumindest ein wenig zu Stoikerinnen zu werden und auf folgenden Rat von Epiktet zu hören:

»Benimm dich im Leben wie bei einem Gastmahl. Eine Speise wird herumgetragen und gelangt zu dir: Du langst zu und nimmst mit Anstand davon. Sie wird vorübergetragen. Du hältst sie nicht zurück. Sie ist noch nicht an dich gekommen. Du unterdrückst dein Verlangen und wartest ruhig, bis sie an dich kommt. So mache es deinen Kindern, deinem Weibe, Ehrenstellen und Reichtümern gegenüber und du wirst ein Tischgenosse der Götter sein.«

## Nadines Erziehungstipps

1. Lass dein Kind so viel wie möglich freie Natur erkunden und erleben.

2. Wenn ihr etwas Besonderes plant (einen Geburtstag oder Ferien) ist es besser, du gehst mit so wenig festen Vorstellungen beziehungsweise Erwartungen wie möglich an die Sache heran. Wenn etwas Unerwartetes passiert, denk an Epiktet: Wenn Dinge schieflaufen, die sowieso nicht in unserer Macht stehen, tun wir gut daran, uns auch nicht darüber aufzuregen.

3. Man kann nicht an allen Fronten kämpfen. Wenn du etwas durchsetzen willst, musst du konsequent sein, also überlege dir gut, welche Dinge absolut notwendig sind und bei welchen du einen Kompromiss eingehen kannst.

## 25 Valentina aus Kolumbien, oder: Eine Kindheit jenseits von rosa Barbiepuppen

Valentina lebt mit ihrem deutschen Mann seit zwei Jahren in Deutschland. Ihr Deutsch ist außerordentlich gut. Sie hat einen achtjährigen Sohn und eine elfjährige Tochter. Aufgewachsen ist sie in Bogotá, der Acht-Millionen-Hauptstadt von Kolumbien. Eine besonders entspannte Kindheit hatte sie nicht, wuchs sie doch genau in der Zeit auf, in der die Drogenkartelle sich erbitterte Schlachten lieferten und überall in der Stadt Bomben explodierten.

»Meine Kindheit war – wie soll ich sagen – recht begrenzt.«

»Was meinst du damit?«, frage ich.

»Unsere Eltern hatten ständig Angst um uns. Wir durften nicht auf die Straße und uns nicht frei bewegen. Außerdem gab es ständig Stromausfälle, was heißt, dass wir nur für eine Stunde am Tag Strom hatten. Es war eine harte Zeit.«

Kinder haben es aus europäischer Sicht in Kolumbien nicht gerade leicht. Die Schule beginnt schon im Alter von vier Jahren. Um halb sechs müssen alle Kinder in den Bus steigen, der sie zu den Schulen fährt. Dort bleiben sie dann bis halb vier am Nachmittag. Ist der Schulbus endlich wieder zurück, haben sie noch eine Stunde Zeit, um Hausaufgaben zu machen. Da die Sonne in Bogotá jeden Tag im Jahr gegen achtzehn Uhr

173

abends untergeht, sind die Tage praktisch nur mit Schule gefüllt.

Was Valentina an Deutschland schätzt, sind die Freiheit und Sicherheit, die die Kinder hier genießen. Einfach allein zum Bäcker gehen oder allein draußen spielen zu können, all das ist für kolumbianische Kinder undenkbar. Dass ihre Kinder hier aufwachsen und in die Schule gehen dürfen, findet die gelernte Architektin wunderbar. Das Einzige, was sie an Deutschland weniger wunderbar findet, ist, wie Mütter in der Erziehung ihrer Kinder, vor allem ihrer Babys und Kleinkinder, alleingelassen werden.

»In Deutschland sind Mütter häufig völlig auf sich alleingestellt. Großeltern sind nicht oft zur Stelle und Betreuung ist schwer zu kriegen. Ich habe mitbekommen, dass viele Mütter deshalb ihre Arbeit aufgeben und dann den ganzen Tag alleine mit ihrem Kind zu Hause sitzen. Mir ging es bei meinem ersten Kind ähnlich und für mich war diese Zeit ehrlich gesagt ein Albtraum. Ich fand es so entsetzlich langweilig.«

Als sie mit ihrem zweiten Kind schwanger wurde, traf sie eine Entscheidung: Für die ersten Lebensjahre wollte sie in Kolumbien leben – zur Not auch ohne ihren Mann.

»Zum Glück ist er mitgekommen«, sagt sie lächelnd. »Und insgesamt war es eine tolle Zeit. Ich habe sofort einen Job bekommen und hatte jede Hilfe, die ich mir denken konnte. Es gab meine Mutter, die Tanten, Cousinen und natürlich die Hausangestellte, die – wie es für jede südamerikanische Mittelschichtfamilie üblich ist – bei uns gewohnt hat und die bis heute ein Teil der Familie ist.«

»Dann war es dir als Mutter in Kolumbien wohl weniger langweilig?«, frage ich

»Das kann man wohl sagen«, sagt Valentina. »Und zwar

weil das Leben für mich dort einfach vielfältiger war. Ich war nicht nur reduziert auf die Mutterrolle, sondern konnte auch andere Seiten ausleben.«

Ich frage Valentina, worin sich die Erziehung ihrer Kinder von ihrer eigenen unterscheidet.

»Worin? In allem!«, sagt Valentina und lacht. »Vor allem die unterschiedliche Behandlung von Jungen und Mädchen. Als ich mit meinem Bruder aufwuchs, hatte ich das Gefühl, wir beide gehören unterschiedlichen Welten an. Zwei Welten, die nichts miteinander zu tun hatten.«

»Was meinst du damit?«, frage ich Valentina.

»Nun, Kolumbien ist kulturell stark katholisch geprägt. Das heißt, dass Mädchen züchtig und brav sein müssen, wohingegen Jungs praktisch alles dürfen. Auch was Hausarbeit und dergleichen betrifft, sind es immer die Mädchen, die aufräumen und kochen müssen. Keine kolumbianische Mutter würde je auf die Idee kommen, ihrem Sohn zu sagen: ›Komm, hilf mir mal, den Tisch abzuräumen.‹ Auch ist eine gute Ausbildung etwas, von dem viele Kolumbianer meinen, dass sie nur den Männern zugutekommen sollte: ›Mädchen, die Latein können, enden schlecht‹, hat mein Großvater immer gesagt.«

In letzter Zeit sind allerdings auch in Südamerika traditionelle Geschlechterrollen ins Wanken geraten. Zunehmend mehr Frauen studieren und wollen die (ausschließliche) Rolle als Hausfrau und Mutter nicht mehr akzeptieren. Sogar in sehr streng katholischen Ländern wie Chile oder Argentinien kämpfen Frauen dafür, die traditionell machistische Kultur Südamerikas zu revolutionieren.

»Diese traditionelle Erziehung wollte ich jedenfalls auf keinen Fall übernehmen. Ich will, dass meine Tochter die gleichen Chancen hat wie mein Sohn. Sie soll eine gute Ausbildung bekommen und später einen Job haben, damit sie auf eigenen Beinen stehen kann und unabhängig ist. Und außerdem«, fügt Valentina hinzu, »will ich, dass meine Kinder richtig gute Freunde sind. Sie sollen Zeit miteinander verbringen und sich später im Leben beistehen.«

Ich frage Valentina, ob ihr das gelungen ist. Sie nickt.

»Was ist dir als Mutter besonders wichtig? Was möchtest du deinen Kindern mitgeben?«

Valentina denkt eine Zeit nach. »Ich will, dass sie ein Bewusstsein dafür haben, wie gut es ihnen hier in Deutschland geht. Gleichzeitig will ich aber auch nicht, dass sie sich daran gewöhnen, immer alles im Überfluss zu haben. Es ist mir ganz wichtig, dass sie lernen, mit weniger Dingen zu leben. Im Vergleich zu Kolumbien ist Deutschland eine richtige Wegwerfgesellschaft. Das schockiert mich immer wieder. Daher bemühe ich mich, mir und meinen Kindern immer nur das zu kaufen, was wir wirklich brauchen.«

»Wie schaffst du das?«, will ich wissen.

»Ganz einfach«, sagt sie und lacht. »Indem ich ihnen kleine Kleiderschränke gegeben habe, in denen nicht so viel Platz ist!«

»Und? Klappt das?«, will ich wissen.

»Ja, sehr gut sogar. Meine Kinder sind sich bewusst, dass alles, was sie haben, gut ausgewählt sein muss. Wenn sie etwas nicht mehr brauchen, dann bringen wir es nicht in den Müll, sondern verschenken es weiter oder schicken es in ein Kinderheim aus meiner Heimat, das die Sachen immer gut gebrauchen kann.«

Das Heim würden sie öfter besuchen, wenn sie nach Kolumbien fahren. Es ist für ihre Kinder eine wunderbare

Erfahrung, sagt Valentina, mit eigenen Augen zu sehen, wie

viel Gutes man tun kann und wie schön es ist, anderen Menschen zu helfen.

»Hattest du ein Vorbild in puncto Erziehung?«

»Ich denke, meine Tanten haben mich sehr geprägt. Sie haben mir gezeigt, dass man mit Kindern wirklich Spaß haben kann.«

»Wie hat man denn Spaß mit Kindern?«, frage ich.

»Ich denke, es ist vor allem eine Einstellungssache. Außerdem ist es eine schöne Gelegenheit, selbst wieder Kind zu sein.«

»Was spielst du denn gerne?«, frage ich Valentina.

»Ich liebe Brettspiele. Und außerdem tanzen wir oft. Auch wenn meine Tochter Tanzen hasst. Und das als Latina!«, sagt sie und lacht. »Wir machen auch oft Wettrennen. Wer als Erster an der nächsten Ecke ist, hat gewonnen, zum Beispiel.«

»Wie ist es, wenn deine Kinder in Kolumbien bei deinen Eltern zu Besuch sind?«, will ich wissen. »Fühlen sie sich dort wohl?«

»Ja, sehr. Allerdings finden sie manches auch befremdlich. Wie etwa die Tatsache, dass Oma gern Seifenopern guckt, in denen magersüchtige Frauen mit künstlichen und aufgespritzten Lippen um reiche Männer herumtänzeln. Oma, warum guckst du das?«, fragt meine Tochter dann immer. Die übertrieben schlanken Figuren der Models auf den Werbeplakaten irritieren sie. Dann fragt sie mich immer, ob die krank sind oder ob was mit ihnen nicht stimmt.«

Über den Zusammenhang zwischen Magersucht und der Repräsentation von jungen weiblichen Körpern in den Medien ist viel geschrieben worden. Und wissenschaftliche Studien belegen in der Tat den Zusammenhang von zu dünnen Körperbildern, die in den Medien als Ideal verkauft werden, und dem oft krank machenden Schlankheitswahn vieler weiblicher Teenager. Gerade mal fünf Prozent aller Frauen entsprechen den Maßen von aktuellen Models oder Schauspielerinnen – da ist es kein Wunder, dass die Unzufriedenheit mit dem eigenen Körper zugenommen hat. Dass Shows wie »Germany's Next Topmodel« Schönheit für Frauen als das einzig Wichtige propagieren, macht die Sache nicht einfacher.

Ich frage Valentina, ob sie sich in Deutschland auch über das überzogene Schönheitsideal im Fernsehen ärgert. »Hier?«, fragt Valentina und lacht. »Das ist doch alles nichts im Vergleich zu Kolumbien!«

Valentina erzählt mir, dass bei ihr zu Hause ein, wie sie sagt, geradezu lächerlicher Schönheitskult herrscht. »Kleine Mädchen werden in rosa Prinzessinnenkleidchen aus Tüll gesteckt, und wenn sie erwachsen sind, rennen alle zum Schönheitsoperateur.«

In der Tat hat Kolumbien die weltweit höchste Rate an Schönheitsoperationen, die vor allem von jungen Frauen in Anspruch genommen werden. Und Kolumbien ist im Übrigen auch der weltweit größte Exporteur von figurreduzierenden Miedern, heute Shapewear genannt.

Es sei ihr sehr wichtig gewesen, sagt Valentina, ihrer Tochter schon früh klarzumachen, dass nicht jeder Körper von Natur aus dafür geschaffen ist, dünn zu sein. Zum Glück, sagt sie, hat das gut funktioniert. Immer wieder würde sie ihr erklären, dass das, was man da im Fernsehen oder auf Fotos in Zeitschriften sehen würde, das Produkt von Nachbearbeitungen und viel Make-up sei. Hat Cindy Crawford, das Topmodel der 90er-Jahre nicht einmal selbst gesagt: »Nicht einmal ich selbst sehe aus wie Cindy Crawford, wenn ich morgens aufstehe!«

»Außerdem liebt meine Tochter alles, was mit Essen zu tun

hat. Und das ist wunderbar. Schließlich ist gutes Essen wichtig. Es bringt Menschen zusammen, macht Spaß, gesund und glücklich.«

## Valentinas Erziehungstipps

1. Wenn du Mutter wirst, achte darauf, dass dein Leben vielfältig bleibt und es dir selbst nicht zu langweilig wird!
2. Hab Spaß mit deinen Kindern. Wähle die Spiele, die dir selbst auch Spaß machen!
3. Wenn du eine Tochter hast, mach ihr klar, dass die medial vermittelten Schönheitsideale nichts mit der Realität zu tun haben.

## 26 Ana aus Spanien, oder:
### Abschied vom ungesunden Perfektionismus

Ich treffe Ana in ihrem Haus. Dort sind gerade ihr kleiner Sohn, Yannik, der im Wohnzimmer herumwirbelt, ihre Nichte, die gerade aus Spanien zu Besuch ist, und eine Frau, die bei Ana sauber macht, zugange. Im Hintergrund spielt Musik aus dem Radio. Die drei Frauen unterhalten sich auf Spanisch – in ziemlich hoher Lautstärke, wohl um den Staubsauger zu übertönen –, und für einen Moment fühle ich mich, als sei ich gerade in Spanien und nicht in einem Vorort von München.

Ana bedeutet mir, schon mal nach oben zu gehen, dort sei es leiser und wir könnten uns in Ruhe unterhalten. Wir nehmen auf einer Couch in Anas Arbeitszimmer Platz. Die gelernte IT-Managerin spricht ein perfektes Deutsch und wirkt sehr aufgeräumt und bestimmt. Ihre Kindheit hat Ana in einem Vorort von Barcelona verbracht.

»Meine Eltern gehörten zur Nachkriegsgeneration«, erzählt sie mir, »sie hatten es nicht leicht, aber sie versuchten, so gut wie möglich über die Runden zu kommen. Dass meine Schwester und ich später einmal studieren sollten, war ihnen sehr wichtig. Wir sollten es einmal besser haben als sie.«

Das ist ihnen offensichtlich geglückt, denn mit ihrem Job und mit dem ihres Mannes können sie sich ein schönes großes

Haus außerhalb Münchens leisten. Auch ihre Schwester hat studiert und nun in Spanien einen guten Job.

»Was die Paarbeziehung angeht, führten meine Mutter und mein Vater eine sehr traditionelle Ehe. Vor der Ehe hatte meine Mutter gearbeitet. Als sie heiratete, hörte sie damit auf. Erst als ich etwas älter war und schon in die Schule ging, ging meine Mutter wieder arbeiten. Allerdings nicht, weil sie das wollte, sondern aus ökonomischen Gründen. Sie hatten einfach das Geld nötig.«

Dass die Mutter plötzlich nicht mehr zu Hause war, war für Ana damals ein Schock, erzählt sie. »So wollte ich es nicht machen«, sagt sie.

»Und wie hast du es gemacht?«

»Ich bin gleich von Anfang an arbeiten gegangen«, sagt Ana.

»Wie bitte?«, frage ich. »Ich dachte, du wolltest es anders machen?«

»Aber ja doch. Deswegen habe ich gar nicht erst eine Pause gemacht beim Arbeiten. So konnten sich meine Kinder gleich daran gewöhnen, dass ich arbeite.«

»Verstehe«, sage ich.

»Von einem Mann finanziell abhängig zu sein ist ein No-Go für mich. Da habe ich zu viele abschreckende Beispiele gesehen. Allen voran Frauen, die nach einer Scheidung finanziell vor dem Ruin stehen.«

Was sie außerdem nicht verstehe, sei, dass in Deutschland viele top ausgebildete Frauen nach der Geburt ihrer Kinder einfach ihren Beruf aufgeben.

»Da sind wir in Spanien fortschrittlicher als ihr in Deutschland«, sagt sie.

Dabei sah es zunächst gar nicht danach aus. So war es in Spanien bis in die 8oer-Jahre hinein nicht einmal möglich, sich scheiden zu lassen, und Frauen durften bis 1988 auch nicht ins Parlament einberufen werden. In der Tat hat die feministische Bewegung in Spanien viel später eingesetzt als in Frankreich oder Deutschland, dann aber umso heftiger.

»In Spanien hat sich in den letzten Jahrzehnten auf kultureller Ebene viel verändert – zumindest im Norden. Der Süden ist immer noch stark konservativ. Vorsicht, dort gibt es lauter Machos«, sagt Ana und lacht. »Die wollen nach wie vor, dass die Frauen nach der Geburt der Kinder zu Hause bleiben. Dabei ist es in Spanien heutzutage wunderbar möglich, Beruf und Kinder miteinander zu vereinbaren. Die Schulen haben bis 17.30 Uhr geöffnet, was natürlich für arbeitende Mütter eine große Erleichterung ist.«

Dass die Kinder in Deutschland in der Grundschule oft schon um dreizehn Uhr wieder zu Hause und Hortplätze schwer zu bekommen sind, hält sie für eine Katastrophe. Schon drei Mal sei sie zu dem Hort der Grundschule gepilgert, die ihr jüngster Sohn ab Herbst besuchen soll.

»Das ist schon etwas erniedrigend, dieses Betteln um einen Platz«, sagt sie und macht eine temperamentvolle Handbewegung.

In der Tat ist die Kinderbetreuung für ganztags arbeitende Mütter in Deutschland noch immer zu wenig ausgebaut, was für viele Mütter ein großes Problem darstellt. Auch wenn die Bundesregierung in den letzten Jahren viel Geld in Ganztagsbetreuungen investiert hat und sich seitdem durchaus einiges gebessert hat, sind die Zustände nach wie vor für viele Familien nicht zumutbar. Gerade für Alleinerziehende ist die Situation in Deutschland deswegen mehr als prekär. All das, so erzählt mir Ana, ist in Spanien viel besser organisiert.

»Das fängt schon beim Mutterschutz an. In Spanien ist es

üblich und gesetzlich erlaubt, dass Mütter vier Monate lang nach der Geburt zu Hause bleiben. Danach können sie in Teilzeit gehen und zwölf Jahre lang weiterhin Teilzeit arbeiten, bevor sie sich dann entscheiden müssen, ob sie wieder ganztags arbeiten gehen oder nicht. Ich halte das für eine viel bessere Lösung als hierzulande, wo Frauen oft drei Jahre oder länger ganz aus dem Beruf sind und dann schwer wieder hineinfinden.«

In einem Job wie ihrem, also in der IT-Branche, sei so etwas ohnehin undenkbar. »Wenn ich drei Jahre lang weg gewesen wäre, hätte ich gar nicht mehr wiederkommen brauchen. Da gibt es einfach zu viel, was sich in der Zwischenzeit verändert, da verliert man den Anschluss.«

»Für mich«, sagt Ana, »ist der Job ungemein wichtig. Dabei geht es nicht nur um Geld. Es geht darum, dass ich mich dort einfach ganz wie ich selbst fühlen kann. Im Job bin ich nicht die Ehefrau von ... oder die Mutter von ..., sondern einfach ich selbst.«

Auch die Anerkennung, die sie durch ihre Arbeit erfahre, sei ihr wichtig. »Mal ehrlich, es ist ja nicht gerade so, als würde man zu Hause von den Kindern Anerkennung für das bekommen, was man da macht, oder?«, sagt sie mit einem Augenzwinkern. In diesem Moment kommt ihr sechsjähriger Sohn ins Zimmer. Er küsst seine Mutter und macht auf dem Sofa sportliche Verrenkungen.

Dass es nicht immer einfach gewesen ist, wird mir Ana am Ende des Gesprächs verraten. Natürlich habe sie durchaus Momente gehabt, in denen sie sich Vorwürfe gemacht habe und dachte, dass sie mehr zu Hause bleiben sollte. »Doch insgesamt muss ich sagen, dass es sehr gut klappt. Meine Kinder sind zufrieden mit mir. Oder, Yannik?«, fragt sie ihren Sohn. »Bist du zufrieden mit mir?«

Der Junge kommt auf seine Mutter zu und umarmt sie von hinten. »Du bist die beste Mama der Welt!«, sagt er und drückt sie. Ana lacht.

»Ich habe es mir so eingerichtet, dass ich nur an vier Tagen Vollzeit arbeiten gehe. Der Freitagvormittag gehört ganz allein mir. Da gehe ich ins Fitnessstudio, treffe mich mit Freundinnen oder mache sonst was. Ich genieße diese Zeit ungemein, von der ich weiß, dass sie für meine innere Balance absolut wichtig ist.«

Ich denke an mein Gespräch mit Soraya, die mir genau wie Ana erzählt hat, wie wichtig diese Auszeiten für sie sind. In der Tat raten Stressexperten, sich eine persönliche »Pufferzeit« von sechs bis acht Stunden pro Woche zu gönnen, in der man sich eine »Rückzugs-Oase« schafft, die ausschließlich für »Zweckfreies« genutzt werden sollte, egal, ob das Sport, Freunde treffen oder einfach Nichtstun bedeutet. In früheren Zeiten nannte man das »Muße«, ein Begriff, der zwar ein wenig außer Mode gekommen sein mag, aber heute wieder an Aktualität gewinnt. So gibt es sogar eine »Akademie für Muße«, die es sich zum Ziel gemacht hat, Menschen mithilfe von Seminaren vor Burnouts zu bewahren. Das Ziel dieser Akademie ist es, so schreiben die Betreiber auf ihrer Webseite, »im täglichen Leben Räume zu entwickeln und einzuüben, in denen der Mensch wieder frei über seine Zeit verfügen kann. Nichts anderes bedeutet der Begriff der Muße. In diesen neu geschaffenen Räumen ist dann Platz für Kreativität, Sinnlichkeit, Lebensfreude, neues Engagement.«

Dass gerade Mütter oder Väter solche Räume brauchen, liegt auf der Hand, wo sie doch tagtäglich damit leben müssen, nicht frei über ihre Zeit entscheiden zu können, und ständig mit einem oder mehreren kleinen Menschen konfrontiert werden, die meist ganz andere Dinge tun wollen als man selbst.

»Was passiert, wenn du etwas willst, dein Sohn aber etwas anderes? Wie gehst du damit um, wenn es Konflikte gibt?«

»Eine gute Frage«, sagt Ana. »Also … ehrlich gesagt, ich kann nicht behaupten, dass ich dann immer ruhig und gelassen bleibe. Ich muss meine Gefühle ausdrücken. Ob sie gut oder schlecht sind. Den Kindern immer vorzumachen, man sei ständig so super gelassen und ausgeglichen, halte ich für Quatsch.«

In der Tat weisen Erziehungsexperten immer wieder darauf hin, dass Authentizität in der Erziehung ungemein wichtig ist, da sie die Glaubwürdigkeit der Eltern aufrechterhält. Mit Authentizität, so die Familientherapeutin Felicitas Römer[23], ist allerdings nicht gemeint, einfach nur instinktiv zu agieren oder ausschließlich immer das zu tun und zu sagen, wozu man gerade Lust hat, sondern emotional wahrhaftig zu sein und keine Angst davor zu haben, den eigenen oder den Gefühlen anderer ins Gesicht zu blicken. Gerade im Umgang mit Kindern und Teenagern, so Römer, sei diese Art von Authentizität von elementarer Bedeutung. Eltern sollten ihren Kindern keine falschen Gefühle vorspielen. Also etwa vorgeben, man sei ganz ruhig und unbeteiligt, obwohl man innerlich gerade sauer ist. Solche Momente, so Römer, seien sogar eine wunderbare Gelegenheit, sich zu fragen, warum man diese Gefühle hat, also genauer dahinterzukommen, was diese Gefühle auslöst. Manchmal verstecke sich hinter der Wut eine Traurigkeit oder auch eine Hilflosigkeit. Auch wenn es viel Mut erfordert, lohnt es sich, die eigenen und die Gefühle der Kinder zu ertragen.

»Was hast du durch das Muttersein gelernt?«, frage ich.

Ana denkt nach, dann sagt sie: »Dass man nicht alles planen kann und dass man als Mutter – und wahrscheinlich generell als Mensch – flexibel bleiben muss. Das war die vielleicht wichtigste Lektion. Vor allem für jemanden wie mich – ich plane immer alles. Als IT-Mensch tickt man einfach so«, sagt sie und lacht.

Sie erzählt mir, wie frustriert sie zuweilen war, als sie das erste Jahr mit ihrem Sohn zu Hause geblieben ist und praktisch nichts von dem, was sie sich für jeden Tag vorgenommen hatte, in die Tat umsetzen konnte.

»Kleine Kinder haben ihren eigenen Zeitplan und ihre eigenen Bedürfnisse. Wenn man da mit dem Kopf durch die Wand will, wird man wahnsinnig.«

Zu lernen, loszulassen, flexibel zu bleiben und nicht das zu bekommen, was man geplant hat, ist etwas, das ihr nicht ganz leichtfalle. »Ich bin nun mal eine Perfektionistin. Ich will die perfekte Hausfrau sein, die perfekte Arbeitnehmerin und die perfekte Mutter. Dabei ist perfektionistisch zu sein keine gute Idee, vor allem wenn man Mutter ist«, sagt Ana.

Darüber, dass Perfektionismus für Mütter ein großes Problem darstellt, schrieb auch die schwedische Autorin Elizabeth Gummesson[24] in ihrem Buch *Mir reicht's!: So befreist du dich aus Perfektionismus und Burnout.* Überraschenderweise singt die Autorin darin erst einmal ein Loblied auf den Perfektionismus, ohne den es viele Berufe – zum Beispiel den Arzt- oder Apothekerberuf – gar nicht geben könnte. Sie unterscheidet dann allerdings zwischen einem »funktionalen« und einem »ungesunden Perfektionismus«. Während der funktionale Perfektionismus lediglich zum Ziel hat, etwas gut zu machen, und dabei auch keine Angst vor dem Scheitern oder Versagen beinhaltet, fürchten sich Menschen mit einem ungesunden Perfektionismus davor, Fehler zu machen. Sie zweifeln an sich selbst und geben sich selbst stets die Schuld, wenn etwas nicht geklappt hat. Vor allem aber sehen sie nicht mehr den Menschen, sondern nur seine Leistung. Mütter, so schreibt Gummesson, seien dabei besonders gefährdet. Ihr Tipp lautet: Gebt euch mit einem »gut genug« zufrieden und befreit euch von dem Druck, »immer super dastehen« zu wollen. Vor allem aber sollten Mütter daran denken, dass es gute Beziehungen sind, die einem Glück bescheren, und nicht ehrgeizige Ziele, für deren Erreichen man diese opfert. »Wäre die Welt perfekt«, so beginnt sie ihr erstes Kapitel und zitiert damit den Baseballspieler Yogi Berra, »dann gäbe es sie nicht.«

Dem würde Ana wohl sofort zustimmen.

## Anas Erziehungstipps

1. Schaffe dir Pufferzeiten – am besten sechs bis acht Stunden pro Woche –, in denen du einfach tun und lassen kannst, wozu du Lust hast.
2. Wer Kinder hat, kann nicht nach Plan leben. Bleib flexibel und verabschiede dich von einem ungesunden Perfektionismus!
3. Sei im emotionalen Umgang mit deinen Kindern authentisch. Hab den Mut, sowohl deine als auch die Gefühle deiner Kinder anzunehmen.

## 27 Martha aus Ecuador, oder: Abschied vom Patriarchat

Ich besuche Martha in ihrem Haus in einer kleinen Stadt. Abgesehen davon, dass ihr Haus extrem sauber und gepflegt ist, fällt auf, wie viel darin aus Holz ist und wie viele Pflanzen im Wohnzimmer stehen. »Das hängt wohl mit der Sehnsucht nach meiner Heimat zusammen«, sagt Martha, die im tropischen Ecuador aufgewachsen ist. Sie geht zur Hi-Fi-Anlage und dreht die südamerikanische Musik leiser. »Ich habe diese Musik ständig laufen – außer wenn meine Kinder da sind, die mögen die nämlich überhaupt nicht«, sagt sie und lacht.

Ich frage sie zuerst nach ihrer Kindheit in Ecuador.

»Wir mussten schon früh im Haushalt mit anpacken. Nach der Schule und den Hausaufgaben mussten wir uns nämlich noch um die Tiere kümmern, die mein Vater hatte. Es gab Kühe, Schweine, Schafe und jede Menge Enten und Hühner. Ich sage mein Vater, denn er war es, der über alles bestimmte. Meine Mutter hatte nicht viel zu sagen.«

Dass das in Deutschland anders ist, schätzt sie sehr. »Mein Vater war einfach der Patriarch, der über alles bestimmte. Er versucht es heute immer noch«, sagt Martha. »Aber heute sage ich ihm: ›Stopp, Papa, das ist mein Leben! Misch dich nicht ein.‹«

Sie erzählt mir, wie die Tatsache, dass sie Mutter geworden

ist, ihr ein neues Selbstbewusstsein gegeben habe, das es ihr nun ermögliche, mit ihrer eigenen Familie anders umzugehen. »Ich akzeptiere zwar, dass mein Vater so ist, wie er ist, aber das heißt nicht, dass ich es gutheißen und ihn gewähren lassen muss.«

Mit der späten Emanzipation von ihren Eltern steht Martha nicht alleine da. Wie Psychologen gezeigt haben, findet, statistisch gesehen, eine echte Abnabelung von den Eltern erst zwischen dreißig und vierzig Jahren statt.

Das Leben, das sie hier in Deutschland führt, sei ganz anders als das ihrer Eltern, erzählt Martha weiter. In ihrer Ehe seien sie und ihr Mann gleichberechtigt.

»Ich hätte das nicht gewollt, so unter der Fuchtel meines Mannes zu stehen, wie es bei meiner Mutter war. Mein Vater war sehr herrisch und streng. Meine Mutter war in der Familie immer im Hintergrund, sie war sanft und lieb, aber auch unsichtbar.«

So demokratisch ihre Ehe auch ist – von demokratischer Erziehung hält Martha nichts.

»Meine Kinder will ich schon führen. Ich will es nicht ihnen überlassen, was sie tun.«

Unter pädagogischen Gesichtspunkten ist Marthas Erziehungsstil als »autoritativ« zu beschreiben, was bedeutet, dass es in ihrer Erziehung einerseits eine starke Führung und Regeln gibt, aber auch eine sehr starke gegenseitige empathische Bindung.

»Aber anders als mein Vater, der einfach nur von oben herab diktierte, was wir zu tun hatten, verbringe ich viel Zeit mit meinen Kindern. Wir haben eine sehr enge Bindung.«

Marthas Tochter ist elf und ihr Sohn dreizehn.

»Sind die beiden denn schon in der Pubertät?«, will ich wissen. Martha seufzt erleichtert. »Zum Glück sind sie es noch nicht, aber natürlich werden sie es bald sein. Was meine Tochter betrifft, habe ich mir vorgenommen, die Zeit jetzt zu nutzen, um sie auf das, was in der Pubertät kommt, vorzubereiten. Dass sie eine Frau werden wird, was das körperlich und seelisch bedeutet – auch wenn sie im Moment nicht so gerne darüber redet. Ich denke, es ist wichtig, damit sie keinen Schock bekommt, wenn sich einiges ändert.«

In der Tat raten die meisten Psychologen dazu, Töchter früh genug auf die körperlichen Veränderungen und die Menstruation vorzubereiten. Studien haben gezeigt, dass Mädchen diese Veränderungen umso entspannter und positiver erlebt haben, je mehr sie darüber wussten.

Statistisch gesehen hat Martha noch zwei Jahre Zeit für die Vorbereitung. Während in den Industriestaaten die Menstruation zwischen zwölf und dreizehn Jahren einsetzt, kommt sie in asiatischen und afrikanischen Ländern später. In Nigeria liegt das durchschnittliche Alter etwa bei fünfzehn. Ob dafür die Ernährung oder die sexuellen Reize ausschlaggebend sind, denen Kinder bereits über die Werbung ausgeliefert sind, oder Hormone, die über den Verzehr von Fleisch aus Massentierhaltung eingenommen werden, ist umstritten.

Es ist ihr wichtig, sagt Martha, ihre Tochter selbst über die Menstruation aufzuklären und nicht alles der Schule zu überlassen. In Deutschland werden Kinder heutzutage bereits im Grundschulalter über zukünftige körperliche Veränderungen und über die Fortpflanzung aufgeklärt. Wie das geschehen soll – darüber tobt seit einigen Jahren ein Glaubenskrieg. So ist manchen Pädagogen die klassische Aufklärung nicht umfassend genug. Sie plädieren dafür, Kindern die ganze Vielfalt sexueller Identitäten nahezubringen. In diesem Sinne entstand

2008 das Buch der Professorin Elisabeth Tuider *Sexualpädagogik der Vielfalt*[25]. Dieses Lehrbuch soll Lehrern dabei helfen, Kindern das Thema »Sex« möglichst umfassend und tabufrei nahezubringen. Mit seinen praktischen Tipps für den Unterricht wurde das Buch allerdings rasch zur Zielscheibe der Anti-Gender-Bewegung, die dem Buch vorwarf, Geschlechterrollen aufheben und Kinder nachhaltig verwirren zu wollen. In den letzten Jahren entstand so eine regelrechte Gegenbewegung zur Aufklärung in den Schulen.

Zum Abschluss frage ich Martha, was sie von ihrer Mutter für die Erziehung ihrer eigenen Kinder übernommen hat.

Sie muss nicht lange überlegen. »Das Essen! Bei uns zu Hause wurde immer frisch gekocht. Das mache ich auch. Auch wenn ich wenig Zeit habe, Zeit für frisches Essen muss immer sein, selbst wenn es nur ein bisschen Reis mit Gemüse und Thunfisch ist. Natürlich koche ich auch aufwendigere Sachen, etwa typische Speisen aus Ecuador, wie etwa unserer traditionelles ecuadorianisches Lieblingsgericht, Fritada.«

Fritada, so erklärt mir Martha, ist ein Gericht aus Schweinefleisch, das erst im eigenen Fett gebraten und danach so lange mit etwas Wasser gekocht wird, bis das Fleisch sehr weich ist. Als Beilage gibt es dazu gekochten Mais und frittierte Kochbananen.

»Ich habe sehr früh sehr viele verschiedene Speisen gekocht. Das hat sich ausgezahlt. Nicht nur ecuadorianische Gerichte, sondern auch deutsche, italienische oder vietnamesische. So sind meine Kinder neugierig und offen für Gerichte aus verschiedenen Ländern. Das finde ich gut.«

## Marthas Erziehungstipps

1. Du musst nicht das Modell deiner Eltern übernehmen, mach das, was für dich und deinen Partner am besten funktioniert.
2. Nutze die Gelegenheit, selbst eine Familie zu haben, um deine Beziehungen zu deinen eigenen Eltern neu zu gestalten.
3. Bereite deine Kinder rechtzeitig auf die Pubertät vor und besprich mit ihnen die körperlichen Veränderungen, die auf sie zukommen.

## 28  Anne aus Holland, oder: Vom selbstbewussten Umgang mit Arbeitgebern

Anne aus Holland entspricht ganz und gar nicht der pausbäckigen Frau Antje Pikantje, die in meiner Kindheit im Fernsehen Werbung für Gouda-Käse gemacht hat. Die zierliche, elegant gekleidete Frau hat ein ebenmäßiges Gesicht mit feinen Gesichtszügen und ist mit ihren weißblonden Haaren eine durchaus außergewöhnliche Erscheinung. Anne ist mit Robin, ihrem vierjährigen Sohn, gekommen, der im gleichen Alter ist wie mein Sohn. Ein hübscher zartgliedriger Junge, der meinem Sohn zur Begrüßung ein Blatt mit einer großen Sonne hinhält.

»Für dich«, sagt Robin.

»Der da ist nicht mein Freund«, zischt mein Sohn ihm zu.

Na, das geht ja gut los, denke ich. Es ist das erste Mal, dass ich eines meiner eigenen Kinder für ein Interview dabeihabe, aber heute ging es nicht anders.

Ich nehme meinen Sohn zur Seite und sage ihm, dass das nicht sehr nett war, was er da gerade gesagt hat, und bitte Anne, mir ins Wohnzimmer zu folgen. Als meine jüngste Tochter kommt, nimmt sie die beiden mit nach oben ins Kinderzimmer, sodass Anne und ich uns in Ruhe unterhalten können. Ich mache einen grünen Tee.

Anne hat drei Kinder und arbeitet Vollzeit in einer Bank.

Ihre beiden großen Kinder sind heute schon erwachsen. Sie war Anfang zwanzig und studierte, als sie die beiden bekam. »Das Studium habe ich nach dem zweiten Kind abgebrochen – eine harte Entscheidung. Doch ich wollte es so. Als die Kinder größer waren, fing ich wieder an zu arbeiten, in einer Vermögensberatung. Ich habe mir alles, was ich brauchte, angeeignet und bin schnell nach oben gekommen.

»Wie geht das bei dir zusammen: der Vollzeitjob und die Kinder?«, will ich wissen.

Anne lacht.

»Ich will nicht behaupten, dass es leicht ist. Aber es ist möglich. Zumindest, wenn man sich selbst im Klaren darüber ist, was man will und was nicht und dies seinem Arbeitgeber auch klarmacht, Prioritäten setzt. Als ich den Job angeboten bekam, bin ich zu meiner Chefin gegangen und habe ihr klar gesagt: ›Ja, ich kann den Job machen, aber nur, wenn ich um drei Uhr gehen und am Nachmittag *Homeoffice* machen kann.‹«

Ihre Chefin, eine sehr erfolgreiche Frau ohne Kinder, die, wie Anne mir sagt, eigentlich wenig Verständnis für Mütter hat, ging auf das Angebot ein.

»Natürlich nur, weil sie wusste, dass ich mehr als hundert Prozent engagiert bin. Ach, was sag ich, viel mehr als das. Als Frau«, sagt Anne, »musst du doppelt so viel arbeiten wie Männer, um erfolgreich zu sein, und als Mutter gleich dreimal so viel.«

»Macht dich das bitter?«

Anne schüttelt den Kopf.

»Nein. Es nutzt nichts, darüber zu jammern. Es ist, wie es ist.«

Bitter, sagt sie, war etwas anderes. Und zwar hier in Deutschland als Rabenmutter bezeichnet zu werden. »Deine armen

Kinder«, sagten selbst enge Freunde, als sie erfuhren, dass Anne wieder mit dem Arbeiten anfangen würde. »Das hat mich verletzt.« Trotzdem will sie, wenn ihr jüngster Sohn in die Schule kommt, in Teilzeit gehen. Was dann mit ihrem Job passiert, weiß sie nicht. »Aber das ist mir dann egal. Ich will einfach da sein für ihn, wenn er aus der Schule kommt.«

Ich frage Anne, ob das für sie eine schwierige Entscheidung ist. Sie schüttelt den Kopf. Damit, dass man nicht die große Karriere und gleichzeitig Kinder haben kann, hat sie persönlich ihren Frieden geschlossen.

In Holland, so erzählt sie mir, sei das alles leichter. Die Betreuungsmöglichkeiten seien vielfältiger, und die Gesellschaft sei insgesamt besser auf Kinder eingestellt. Auch die Mütter seien entspannter. Die meisten Mütter arbeiten dort halbtags, erzählt mir Anne. Da gäbe es niemanden, der das komisch findet.

»Ist das der Grund«, frage ich Anne, »warum laut UNICEF die niederländischen Kinder zu den glücklichsten der Welt zählen?« Sie zuckt mit den Schultern.

»Auf jeden Fall ist Holland ein Land, das keinen Wert auf Hierarchien legt. Wenn man ein niederländisches Krankenhaus besucht, darf man sich nicht wundern, wenn der Medizinstudent mal mit dem Professor nicht einer Meinung ist und sich auch traut, ihm das zu sagen.«

In der Tat geben interkulturelle Coaches deutschen Arbeitnehmern, die in leitenden Funktionen nach Holland kommen, immer den Tipp, ihre Macht nicht auszustellen und Untergebene wie gleichrangige Kollegen zu behandeln. So erwarten niederländische Mitarbeiter, in eine Entscheidungsfindung mit eingebunden zu werden. »Overleg« heißt hier das Zauberwort, was so viel bedeutet wie gemeinsame Besprechungen, bei denen Mitarbeiter und Chefs zusammen nach Kompromissen suchen.

Was für die Firmen gilt, gilt auch für die Familien.

»Ich wurde sehr früh in die Entscheidungen meiner Familie mit eingebunden, zum Beispiel wohin es im Urlaub gehen sollte«, erzählt Anne. »Die große Verantwortung macht einen nicht nur stolz, sondern ermutigt einen, gute Entscheidungen zu treffen.«

Plötzlich kommt Annes Sohn herunter. Artig setzt er sich neben seine Mutter. Dann klingelt ihr Handy. Sie wirft einen kurzen Blick darauf. Dann sagt sie: »Nichts Wichtiges, ich kann zurückrufen.«

Das mit dem Telefon, das kennt ihr Sohn schon. Wenn das rote, das Bürotelefon, klingelt, weiß er, dass er still sein muss.

»Und das klappt?«

»Ja«, sagt Anne. »Das klappt.«

Robin macht sich nun von seiner Mutter los und fängt an, auf der Couch herumzuhüpfen.

»Nicht springen, das dellt das Sofa aus«, ermahnt ihn die Mutter.

Robin setzt sich wieder.

»Ich gebe immer Erklärungen. Das ist mir wichtig. Ich will, dass er versteht, warum ich etwas von ihm will.«

Ich frage Anne nach ihrer Kindheit.

»Ich hatte eine schöne Kindheit«, erzählt sie. »Wir haben viel Zeit innerhalb der Familie verbracht und viele Familienfeste gefeiert. Feste sind in den Niederlanden ganz wichtig. Dabei haben wir auch durchaus ganz eigene Feste. Wie Sinterklaas zum Beispiel. Das ist unser Weihnachten. Wobei es so ist, dass Sinterklaas bei uns nicht mit fliegenden Rentieren ankommt, sondern mit dem Schiff aus Spanien. Während die lieben Kinder Süßigkeiten bekommen, werden die ungehorsamen Kinder in einen Sack gesteckt und mit zurück nach Spanien verfrachtet, wo sie ein Jahr lang für Sinterklaas arbeiten müssen. Erst wenn sie sich dann bewährt haben, dürfen sie im nächsten Jahr wieder mit dem Schiff zurückkommen. Als ich klein war, hatte ich eine Höllenangst vor Sinterklaas und habe mir am 6. Dezember zur Sicherheit immer eine kleine Nagelschere mit eingesteckt, damit ich zur Not den Sack aufschneiden kann.«

Anne lacht.

»Was hast du aus deiner eigenen Erziehung übernommen, und was machst du ganz anders?«, frage ich.

Anne überlegt.

»Hm, ich glaube, ich mache so ziemlich alles genau wie meine Eltern.«

»Wirklich?«

»Ja. Bis auf die Tatsache, dass meine Mutter nie berufstätig war und ich schon. Aber abgesehen davon ist alles so gleich.«

Gibt es ein besseres Kompliment für eine Mutter, als wenn ihre Tochter später einmal sagt, sie möchte alles genauso machen wie sie? Natürlich bin ich jetzt umso neugieriger zu erfahren, wie ihre Erziehung gewesen ist.

»Ich glaube, das Besondere an unserer Familie ist die Mischung aus einem respektvollen Umgang miteinander und einer calvinistisch geprägten Orientierung an Leistung.«

In der Tat hat der protestantische Reformator Calvin in vielleicht keinem anderen Land so anhaltend tiefe Spuren hinterlassen wie in den Niederlanden. Dort stehen Bescheidenheit, Ehrlichkeit und Anständigkeit hoch im Kurs. Aber das ist nur die eine Seite der calvinistischen Lehre. Calvin glaubte an Prädestination, also daran, dass Gott schon lange vor der Geburt eines jeden Einzelnen beschlossen habe, ob dieser auserwählt ist oder nicht. Nur am Erfolg auf Erden – so der calvinistische Glaube – zeige sich, wer zu diesen Auserwählten gehört und wer nicht. Warum sich viele Gläubige umso mehr bemühen, erfolgreich zu sein, liegt auf der Hand: Wer erfolgreich ist, zeigt damit sich und den anderen, dass er zu den Auserwählten gehört. Bekannt wurde diese These vor allem durch den Ökonom Max Weber, der in seiner Schrift *Die protestantische Ethik und der Geist des Kapitalismus* der Frage nachgegangen ist, warum protestantisch geprägte Kommunen und Länder oft erfolgreicher und wohlhabender waren als ihre katholischen Nachbarn.

Auch bei Anne spielt Leistung eine wichtige Rolle.

»Wir sind alle ziemlich fleißig«, sagt sie und lacht. »Mein Vater war ein sehr erfolgreicher Manager, ich und mein Mann sind ebenfalls recht erfolgreich. Meine beiden Ältesten sind auch immer sehr gut in der Schule gewesen. Jetzt studieren beide.«

»Wie hast du das hingekriegt?«

»Ich denke durch Vorbild. Kinder sehen genau, ob Eltern das vorleben, was sie selber predigen. Meine Kinder haben immer an uns sehen können, wie es ist, diszipliniert zu arbeiten.«

Bei ihren zwei älteren Kindern, die jetzt über zwanzig sind, hat das gute Beispiel gefruchtet. Beide haben sehr gute Schulabschlüsse und studieren jetzt an renommierten Universitäten.

»Da war es dann eher so, dass ich sie auch mal bremsen musste. Vor allem meine Tochter. Beide Kinder sind Hochleister. Was aber auch zu viel Stress führen kann. Zum Glück hatten beide Kinder Hobbys, die für sie wie ein Katalysator gewirkt haben: für meine Tochter das Klavier, für meinen Sohn der Sport.«

Stress ist in unserer Gesellschaft nicht nur ein Phänomen,

das bei Managern oder viel beschäftigten Müttern vorkommt, sondern zunehmend auch bei Kindern. Statistiken zufolge leidet in Deutschland jedes sechste Kind und jeder fünfte Jugendliche an Stress. Der größte auslösende Faktor dafür ist Experten zufolge die übermäßig an Erfolg orientierte Erziehungspraxis. Um dem entgegenzuwirken, raten Stressexperten Eltern von gestressten Kindern zu Folgendem:

– das Leben der Kinder insgesamt zu entschleunigen,
– die Kinder dazu zu ermutigen, mehr Dinge zu tun, die ihnen Spaß machen,
– den Kindern genügend Zeit zum Langweilen zu geben,
– Ruhe und feste Rituale in das Leben einzubauen und schließlich ...
– auch einen kritischen Blick auf sich selbst zu werfen.

Wie auch in anderen Bereichen kann es Wunder wirken, selbst ein gutes Vorbild abzugeben.

»Wie gehst du mit Konflikten um?«, will ich wissen. »Setzt du Strafen ein?«

»O nein«, sagt Anne und lacht. »Die nützen, glaube ich, gar nichts. Ich glaube an Einsicht. Daran, dass Kinder verstehen können, was richtig und falsch ist. Wenn sie etwas gemacht haben, das nicht in Ordnung ist, dann frage ich immer: ›Schau mal, was denkst du, wie der andere sich jetzt fühlt?‹«

Unterdessen sind mein Sohn Noel und unsere Katze heruntergekommen. Robin würde sie gerne streicheln, aber Noel lässt ihn nicht.

Unsere Zeit ist um. Anne muss wieder weiter. Sie zieht Robin die Schneehose an und schlüpft in ihren eleganten Mantel. Dann verabschieden wir uns voneinander. Als sie gegangen sind, beuge ich mich zu Noel herunter. Am liebsten würde ich ihm jetzt von Santa Claas erzählen, der ihn im Dezember in den Sack stecken und für ein Jahr lang nach Spanien bringen wird, aber dann denke ich an Anne.

»Hör mal«, sage ich zu meinem Sohn. »Wie würdest du dich fühlen, wenn du bei einem Jungen zu Besuch wärst und der dich mit den Worten ›Der da ist nicht mein Freund‹ begrüßt?«

Er blickt auf den Boden. Und schweigt. Dann sagt er leise: »Nicht gut …«

»Und wie wäre es, wenn dieser Junge dich mit keiner seiner Spielsachen spielen lassen würde?«

»Auch nicht gut …«

»So«, sage ich. »Und jetzt denk mal nach, wie sich Robin gefühlt hat.«

Mein Sohn schweigt wieder eine Zeit lang, dann sagt er: »Tschullldiguuuung, ich mach es nieee mehr wieder …«

Dann wirft er seine kleinen Ärmchen in die Luft, um mir zu bedeuten, dass ich ihn hochheben soll. Es lebe Holland!

## Annes Erziehungstipps

1. Triff deine Entscheidung darüber, in welchem Umfang du arbeiten kannst und willst, und lebe damit.
2. Falls Homeoffice eine Option ist, dann besprich das offen mit deinem Arbeitgeber.
3. Lebe das vor, was du von deinen Kindern verlangst.

## 29  Manon aus Belgien, oder:
##     Ein Hoch auf Gesellschaftsspiele!

Ich treffe Manon in meinem Lieblingscafé. Manon ist superpünktlich. Eine sportliche, entspannte Frau mit kurzen Haaren und einem Rucksack kommt auf mich zu. Sie ist mit öffentlichen Verkehrsmitteln gekommen. Das tut sie immer, sagt sie mir.

»Entweder die U-Bahn oder das Fahrrad, aber da es heute regnet ...«

Die Umwelt zu schonen und nachhaltig zu leben ist Manon ein wichtiges Anliegen. Auch ihre Kinder sollen ein Bewusstsein dafür entwickeln. »Wir schauen oft Filme auf Arte an«, erzählt Manon. »Filme, in denen es darum geht, was Müll oder zu viel $CO_2$ anrichten können. Meine Tochter hat diese Filme schon immer interessant gefunden.«

Natürlich, sagt Manon, habe ihre Tochter sie schon gefragt, ob es denn wirklich einen Unterschied mache, wenn ein einzelner Mensch versuche, der Umwelt nicht zu schaden. »Ich weiß, dass das vielen als lächerlich und nutzlos vorkommt, dass wir fast nie das Auto benutzen und dergleichen, aber ich glaube fest daran, dass ein einzelner Mensch eben schon einen Unterschied machen kann«, sagt Manon und lächelt dabei.

Ihrer Tochter habe sie zum Geburtstag eine Mitgliedschaft im World Wildlife Fund geschenkt. Der WWF tue viel dafür, Menschen für die Umwelt zu sensibilisieren. Viele Umweltverbände wie Greenpeace oder der WWF bieten gerade für Kinder von sechs bis dreizehn Jahren Ferienausflüge und Freizeitaktivitäten an, bei denen das Umweltbewusstsein gestärkt wird. Später gibt es Jugendgruppen wie etwa die WWF-Jugend oder die Greenpeace-Jugend, die mit Jugendlichen ab vierzehn Kampagnen organisieren und an Projekten mitarbeiten.

Dass Kinder nicht nur sehr gut für dieses wichtige Thema zu begeistern sind, sondern auch selbst mit originellen Ideen aufwarten können, sieht man am Fall des neunjährigen Felix Finkbeiner, der im Jahr 2007 vor seiner Klasse ein Referat zum Thema Klimawandel halten musste und dabei auf die Idee kam, dass jeder Mensch doch nur einen Baum pflanzen müsste, um die $CO_2$-Situation zu verbessern. Kurz darauf pflanzte er an der Schule den ersten Baum. Die Idee wirkte ansteckend, und einige Schüler griffen sie auf und pflanzten ebenso einen Baum. Auf diese Art wurden in einem Jahr 150 000 Bäume in Deutschland gepflanzt. Die von Felix gegründete Stiftung *Plant-for-the-Planet* unterstützt heute mit Spendengeldern die Wiederaufforstung, stellt Kindern Setzlinge zur Verfügung und bietet sogar Kurse an, in denen Kinder zu Botschaftern für Klimagerechtigkeit ausgebildet werden.

»Eine Stiftung hat meine Tochter noch nicht gegründet«, sagt Manon, »aber die Umwelt liegt ihr am Herzen, und sie tut, was sie kann, um ihren Beitrag zu leisten. Das gibt ihr das Gefühl, dass sie etwas beitragen kann, und sie lernt, verantwortungsbewusst zu handeln. Außerdem ist es etwas, das wir miteinander teilen.«

Gemeinsam etwas zu erleben sei für die Familie ganz wichtig, sagt Manon und erzählt mir von den Gesellschaftsspielen, die sie und ihr Mann zusammen mit ihrer sechzehnjährigen Tochter und dem dreijährigen Sohn gemeinsam spielen. »Man ist zusammen, hat Spaß, benutzt außerdem das Hirn und lernt zu verlieren. Das ist wichtig.«

In der Tat können Gesellschaftsspiele sowohl das sprachliche Ausdrucksvermögen, mathematisches Verständnis und die Konzentration fördern. Darüber hinaus können Kinder mithilfe von Gesellschaftsspielen aber auch lernen, geduldig zu sein, Frustration auszuhalten und Regeln zu respektieren. Digitale Spiele können die soziale Komponente von Gesellschaftsspielen nicht ersetzen.

Interessanterweise ist Deutschland Weltmeister, was die Entwicklung von Gesellschaftsspielen betrifft. Viele deutsche Spiele sind auch international höchst erfolgreich, allen voran Manons Lieblingsspiel »Die Siedler von Catan«, das in zwanzig Sprachen übersetzt wurde. Ein Spiel, in dem es darum geht, Siedlungen zu bauen, Rohstoffe zu gewinnen und darüber zu verhandeln.

»Mit meinem Jüngsten spiele ich zur Zeit Memory«, sagt Manon. »Und zwar eines, auf dem die wichtigsten Sehenswürdigkeiten Münchens abgebildet sind. Mein Sohn, der mich mittlerweile natürlich im Memory schlägt, hat auf diese Weise schon ganz nebenbei eine Menge über seine Heimatstadt gelernt. Außerdem haben wir uns vor einiger Zeit eine Pingpong-Platte gekauft, die zwar etwas sperrig im Eingang zur Haustür steht, dafür aber allen Familienmitgliedern Spaß macht.«

Überhaupt ist es Manon ein großes Anliegen, mit der Familie gemeinsam etwas zu erleben. »Ich halte Urlaub für etwas ganz Wichtiges. Es muss ja nicht immer der große Thailand-Urlaub oder der große Italien- oder Griechenland-Urlaub sein. Man kann auch einfach seine Fahrräder nehmen und raus aufs Land fahren. Hauptsache, man ist mal weg von zu Hause und raus aus dem Alltag. Das tut nicht nur den Erwachsenen, sondern auch den Kindern und uns als Familie gut.«

Urlaub, davon ist Manon überzeugt, kann auch eine Art therapeutische Maßnahme sein. Schließlich werden an neuen Orten neue Erfahrungen gesammelt, die einen neuen frischen Blick auf das eigene Leben erlauben. Auch Kinder profitieren davon, andere Sitten und Gebräuche zu sehen, und seien es auch nur die anderen Lebensweisen auf dem Bauernhof einhundert Kilometer von hier. Manchmal kommt man auch von einer Reise zurück und kann manches zu Hause wieder mehr schätzen. Und außerdem, so sagt sie, schafft gemeinsam Erlebtes an einem ungewöhnlichen Ort unvergessliche Erinnerungen.

»Was fällt dir als Mutter schwer?«, will ich wissen. »Gibt es etwas, an dem du sozusagen arbeitest?«

»Ja, das gibt es«, antwortet Manon. »Denn leider gehöre ich zu den Müttern, die sich übermäßig Sorgen um ihre Kinder machen. Ich weiß, dass meine Angst oft völlig unbegründet ist, und versuche daher bewusst, sie zu überwinden oder zumindest abzumildern, aber es fällt mir schwer. Das liegt wohl daran, dass wir Belgier in dieser Hinsicht etwas traumatisiert worden sind.«

Manon spielt auf die schrecklichen Entführungen, Misshandlungen und grausamen Morde des Kinderschänders Dutroux an, die dieser unbemerkt über Jahre in einem Dorf achtzig Kilometer von Brüssel entfernt verübt hatte, bevor er entdeckt und verhaftet wurde. Die Angst, dass auch die eigenen Kinder entführt werden könnten, steckt seitdem vielen belgischen Familien in den Knochen.

»Kein Wunder«, sagt Manon, »dass belgische Eltern ihre Kinder viel weniger draußen frei spielen lassen als hier in Deutschland.«

Auch wenn Deutschland im Vergleich zu Belgien wohl in dieser Hinsicht verhältnismäßig entspannt ist, lassen auch hier Eltern ihre Kinder immer weniger unbeaufsichtigt spielen. Dies liegt wohl weniger an der objektiven Gefahr – tatsächlich haben Kindesentführungen in den letzten fünfzig Jahren *nicht* zugenommen – als an der Eindringlichkeit medialer Berichterstattung in einzelnen Entführungs- und Missbrauchsfällen, die die Angst und das subjektive Gefühl von Bedrohung steigen lässt.

Interessanterweise haben Psychologen festgestellt, dass Eltern in westlichen Industrieländern immer ängstlicher werden. Sie weisen warnend darauf hin, dass Kinder von überfürsorglichen Eltern Schwierigkeiten bekommen können, ein gesundes Selbstbewusstsein zu entwickeln, und damit auch anfälliger für psychische Krankheiten sind.

»Kinder lernen am Vorbild der Eltern und verinnerlichen elterliches Verhalten. Daher besteht die Gefahr, dass die Kinder ebenfalls ängstliche Verhaltensweisen übernehmen«, sagt der Kinderpsychiater Dr. Ingo Spitczok, der ängstlichen Eltern rät, allzu große Ängste therapeutisch zu behandeln.

In den USA rief Lenore Skenazy, nachdem sie 2008 ihren neunjährigen Sohn in Manhattan alleine U-Bahn fahren ließ und daraufhin große Probleme bekam, die Bewegung *Free Range Kids* ins Leben, um, wie sie sagt, den Glauben daran, dass unsere Kinder sich in ständiger Bedrohung befinden, sei es durch Verrückte, Kidnapper, Viren, Käfer, Männer etc., zu bekämpfen.

»Mit zwanzig war ich jedenfalls deutlich weniger ängstlich«, sagt Manon, die damals ihr erstes Kind bekam und mit Mitte dreißig ihr zweites.

»Worin lag der Unterschied?«, will ich wissen.

»Beim ersten Kind war ich noch so schön unbekümmert. Ich hatte kein Problem damit, mein Kind auch mal Studienkollegen in Obhut zu geben. Irgendwie lief alles so nebenher, ich konnte alles locker schaffen. Und das, obwohl ich da noch mitten im Studium war.«

»War es nicht schwierig, als junge Mutter zu studieren?«, frage ich.

»Nein, im Gegenteil. Es hat viele Vorteile. Allein dadurch, dass man an der Uni keine festen Anwesenheitszeiten hat. So war es leicht für mich, mal zu fehlen, wenn meine Tochter mich brauchte oder krank war. Wenn man später einen Beruf hat, ist das schwieriger. Und die Uni hatte gute Angebote für Kinder, wie etwa die Krippe der Uni.«

»Außerdem«, so fügt sie hinzu, »waren damals meine Eltern noch topfit und konnten mir super helfen.«

Und jetzt? »Gibt es etwas, das jetzt, da du älter bist, besser läuft?«

»Ich kann jetzt auf jeden Fall besser kochen«, sagt Manon und lacht. Dann wird sie nachdenklich. »Ich denke, ich kann meinen Kindern mehr bieten. Außerdem schätze ich es selbst mehr, ein Kind zu haben. Das, was mit Anfang zwanzig noch selbstverständlich ist, schätzt man später viel mehr.«

»Und wie ist das, zwei Kinder mit einem so großen Altersabstand?«, will ich wissen.

»Schön«, sagt Manon. »Und zwar auch, weil mir meine Tochter ein bisschen helfen kann. Das ist eine große Erleichterung. Das einzig Schwierige«, sagt sie lachend, »ist die Suche nach einem geeigneten Urlaubsort. Soll es eine Stadt sein, damit die Älteste ein wenig Kultur mitbekommt, oder doch lieber der Strand, wo der Kleine sich austoben kann? Aber dann muss man eben kombinieren.«

Das Einzige, was ihr im Moment Sorgen bereitet, ist, dass die ausgebildete Wirtschaftsspezialistin in ihrem Job nicht weiterkommt, seit sie in Teilzeit gegangen ist. »Dabei leiste ich bestimmt genauso viel wie manche Kollegen in Vollzeit.« Enttäuscht über ihre Chefin, die ihr die Teilzeit sichtlich übel nimmt, wie Manon sagt, habe sie daher gekündigt. »Man darf nicht aufgeben. Auch nicht als arbeitende Mutter. Ich werde so lange suchen, bis ich etwas Passendes gefunden habe. Es kann nicht sein, dass Frauen, die Teilzeit arbeiten, keine Chance auf einen interessanten Job haben und ohne Zukunftsperspektive sind«, sagt Manon. Doch sie ist zuversichtlich, etwas Anspruchsvolles zu finden. »Ich habe nicht umsonst eine gute Ausbildung gehabt«, sagt sie ruhig und bestimmt.

Wir sind uns einig, dass sich da noch viel ändern muss. Aber wir sind auch davon überzeugt, dass die Gesellschaft und die Arbeitswelt nur profitieren können, wenn sie Mütter einstellen, die oft weitaus besser als andere Multitasking beherrschen, tägliche Krisen gewohnt sind, Organisationsgenies sind und gelernt haben, was es heißt, hypereffizient zu arbeiten.

## Manons Erziehungstipps

1. Sensibilisiere dein Kind für den Umweltschutz, so wird es nicht nur lernen, die Natur und unsere Welt zu respektieren, sondern auch ein Gefühl für Verantwortung und Selbstwirksamkeit entwickeln.
2. Findet euer gemeinsames Lieblingsbrettspiel. Das macht Spaß, und Kinder können dabei eine Menge lernen!
3. Mach dir nicht zu viele Gedanken darüber, ob es besser ist, früh oder spät Mutter zu werden – beides hat seine guten Seiten!

# 30  Csilla aus Ungarn,
##     oder ein Hoch auf Väter

Ich treffe Csilla an einem Sommertag im Garten ihrer gemieteten Wohnung in einem schönen Bauernhaus auf dem Land in Bayern. Csilla wohnt hier, seit sie vor einem Jahr ihre Heimatstadt in Ungarn verlassen hat. Csilla ist siebenundzwanzig Jahre alt, sie hat einen sanften Gesichtsausdruck und ein freundliches Lächeln. Ihre Tochter Nora ist gerade zehn Jahre alt geworden. Ein freundliches, ausgeglichenes Mädchen, das hier in die Grundschule geht und sich in Deutschland sehr wohlfühlt.

Daniel, ihr Freund, ein junger Ungar, der schon seit fünf Jahren hier lebt, sitzt mit uns im Garten, bereit zu übersetzen, wann immer es nötig ist. Er hat Nora gleich ins Herz geschlossen und fühlt sich als richtiger Vater für sie – was wohl auch damit zu tun hat, dass Nora ihren leiblichen Vater kaum sieht. »Zu Beginn war ich irgendwie etwas hilflos«, gibt er zu. »Ich meine, wann bekommt man schon über Nacht eine zehnjährige Tochter geschenkt? Als sie mich zum ersten Mal heftig umarmt hat, wusste ich gar nicht, was ich machen soll«, sagt er. »Ich war mir nicht sicher, was meine Rolle sein sollte. Ich meine, immerhin bin ich ja ›nur‹ der Stiefvater. Und der soll ja angeblich auf keinen Fall die Vaterrolle übernehmen.«

Doch was sich als allgemeine Theorie vielleicht schlüssig

anhört, ist im Einzelfall vielleicht nicht immer geboten – so zumindest ist es in Csillas Familie.

Nach seiner Arbeit als Kinderpfleger in einem Montessori-Kindergarten nimmt sich Daniel immer wieder Zeit für Nora. »Manchmal gehen wir ein Eis essen, fahren Roller oder gehen an den See. Das mag sie sehr gern. Ich sage es ganz ehrlich: Nora braucht eine Vaterfigur. Und die will ich gerne für sie sein.«

Dass Kinder eine Vaterfigur brauchen, wird von Psychologen immer wieder bestätigt. Gerade Mädchen, so die Psychologin Meg Meeker in ihrem Buch *Starke Väter, starke Töchter*[26], würden ein Leben lang davon profitieren, wenn Väter ihnen das Gefühl vermitteln, fest an sie zu glauben und ihnen zu vertrauen. In ihrer sehr persönlichen Einführung beschreibt sie, wie sie nach ihrem College-Abschluss lauter Ablehnungen von Universitäten erhalten hatte, an denen sie Medizin studieren wollte. Sie war niedergeschlagen und war schon fast drauf und dran, ihren Traumberuf an den Nagel zu hängen, als sie zufällig mitbekam, wie ihr Vater am Telefon einem Freund erzählte, dass seine Tochter zwar noch nicht wisse, wo genau sie Medizin studieren würde, er sich aber ganz sicher sei, dass sie ihr Ziel erreichen würde. Dieser Moment, so schreibt sie, war einer der schönsten und bedeutendsten in ihrem Leben. Denn aus den Worten und dem Tonfall ihres Vaters sprachen damals eine so große Zuversicht und ein so großes Vertrauen in sie, dass sie daraus für den Rest ihres Lebens Kraft und Selbstvertrauen schöpfen konnte. Sie fand den Mut, an ihrem Plan festzuhalten, und bekam in der Tat bald darauf einen Studienplatz.

Ihr Buch ist eine Liebeserklärung an ihren Vater. Gleichzeitig ist es aber auch ein Aufruf an Väter, für ihre Töchter da zu sein. Dabei traut sich Meeker einiges. Schließlich braucht es schon einigen Mut, um heute noch Sätze wie diese zu schreiben: »Irgendjemand muss den Vätern sagen, dass sie doch bitte schön wieder von ihren männlichen Tugenden Gebrauch machen mögen. ›Männlichkeit‹ wird ja heute oft entweder mit einem scheelen Blick bedacht oder uns als fragwürdiges Zerrbild präsentiert.« Väter, so Meeker, sollen den Mut haben, ihre Töchter zu erziehen, ihnen Werte zu vermitteln, ihnen zuzuhören und ihre besondere Fähigkeit als pragmatische Problemlöser zum Einsatz zu bringen. Ihre Überzeugungen basieren auf ihren Einsichten als Ärztin und Therapeutin, die sie zu dem Schluss haben kommen lassen, dass starke Väter zu starken Töchtern führen, die emotional stabiler sind und ein besseres Selbstwertgefühl besitzen.

Einer ihrer Tipps an Väter lautet zum Beispiel, einen »Schlachtplan« für ihre Tochter zu erstellen, und zwar am besten, wenn diese noch klein ist. Also einen Plan, der all das enthält, was sich der Vater von ihr wünscht, und somit schon früh im Gehirn als eine Art »Gebot« verankert werden kann. Diese Gebote werden den Töchtern Halt und Orientierung geben, die sie besonders später im Teenageralter brauchen können.

Statistisch gesehen hat sich die Zahl alleinerziehender Mütter in den letzten dreißig Jahren mehr als verdreifacht. Und fast die Hälfte der Alleinerziehenden hat minderjährige Kinder. Auch wenn zunehmend das sogenannte »Wechselmodell« praktiziert wird, also eine mehr oder weniger faire Aufteilung zwischen Mutter und Vater, verbringen die Kinder in der Regel die meiste Zeit bei der Mutter und sehen den Vater nur alle zwei Wochen am Wochenende. Psychologen raten in diesem Fall dazu, dem dadurch entstehenden Mangel an Vaterfiguren für Kinder entgegenzuwirken, indem bewusst nach männlichen Vorbildern etwa im Sport oder Ähnlichem gesucht wird.

Leichter wäre es natürlich, wenn staatliche Institutionen mehr darauf achten würden, männliche Vorbilder als Erzieher und Lehrer einzustellen. Eine Forderung, die vom Institut für Jugend und Gesellschaft immer wieder gestellt wird.

Ein Problem ist auch, dass es nicht nur einen physischen Mangel an Vätern und positiven Vaterfiguren gibt, sondern auch einen ideologischen Mangel. Dies wird zumindest von dem deutschen Soziologen Gerhard Amendt behauptet. Amendt, der interessanterweise früher in der Achtundsechziger-Bewegung aktiv war, lobt diese zwar dafür, herrschende Verhältnisse hinterfragt zu haben, kritisiert aber die daraus im Laufe der Zeit entstandene Ideologie, bei der sich, wie er sagt, das Bild der Frau als Opfer und das des Mannes als Täter verfestigt habe. So macht er Teile der feministischen Bewegung dafür verantwortlich, dass in der heutigen Gesellschaft ein allzu negatives Männerbild besteht.

Während der Trennung vom Vater ihrer Tochter hat Csilla schwierige Zeiten durchgemacht, und es war ihre Großmutter, die ihr in dieser Zeit Liebe und Halt gegeben hat. Csilla strahlt, wenn sie von ihr spricht. »Diese Frau hat selbst viel durchgemacht, und doch hat sie nie aufgeben und ihr Leben mutig und voller Lebensfreude gelebt. Ich denke mir oft, wenn sie es geschafft hat, dann schaffe ich es auch.«

Csilla erklärt mir, dass sie fest daran glaubt, dass wichtige Dinge von Generation zu Generation weitergegeben werden müssen. »Es ist wie ein Geschenk. Ein Geschenk, das man selbst erhalten hat und nun weiterverschenken darf. Das, was meine Großmutter mir weitergegeben hat, will ich nicht verloren gehen lassen. Ihren Mut, ihre Hoffnung, all das will ich auch meiner Tochter weitergeben.«

Bei ihr zu Hause hat man nie über private und emotionale

Dinge gesprochen. Sie selbst macht es anders. »Ich sage meiner Tochter ganz oft, dass ich sie liebe. Wir kuscheln auch ganz viel. Hier in Deutschland werde ich manchmal etwas komisch angesehen, weil ich meine Tochter so oft küsse, aber das macht mir nichts aus.«

Csilla erzählt mir, dass ihre Tochter auch immer wieder in ihrem Bett schlafen will. »Natürlich will ich lieber, dass sie in ihrem eigenen Bett schläft, aber manchmal muss man sich einfach fragen: Was ist jetzt wichtiger? Dass ich ruhig schlafen kann oder dass meine Tochter das bekommt, was sie gerade braucht? Wenn sie nicht schlafen kann und ich spüre, dass es jetzt wichtig ist, dass sie bei mir ist: Warum soll ich ihr das dann nicht geben?«

Zum Schluss möchte Daniel noch etwas hinzufügen. Etwas, das ihm wichtig erscheint, das aber viele Eltern, wie er sagt, manchmal vergessen: »Kinder schenken einem so viele kleine Sachen. Einen Stein, eine Feder, solche Dinge. Viele Eltern sagen dann ›Jaja, schön‹ und werfen es weg. Das sollte man anders machen. Wenn Nora mir etwas schenkt, dann freue ich mich – wirklich. Man muss sich aufrichtig über diese Dinge freuen.«

»Das stimmt«, pflichtet Csilla ihm bei. »Außerdem kann man auf diese Weise mit den Kindern selber wieder zum Kind werden, die Dinge aus deren Blickwinkel sehen. Auch das ist ein Geschenk.«

## Csillas Erziehungstipps

1. Erziehungsprinzipien stehen nicht über allem. Wenn es die Situation erfordert, muss man auch bereit sein, Prinzipien über Bord zu werfen.

2. Väter – auch Stiefväter – spielen eine wichtige Rolle im Leben deines Kindes. Lass zu, dass das Kind zu ihnen eine Beziehung aufbaut.

3. Eltern oder Großeltern können mit bestimmten Eigenschaften Vorbilder sein. Gib diese bewusst an deine Kinder weiter, sie sind ein Geschenk von einer Generation an die nächste.

# 31 Daria aus Polen, oder: Keine Angst vor Emotionen!

Ich treffe Daria in einem italienischen Lokal in der Nähe ihrer Wohnung. Daria stammt aus Polen und lebt seit vierzehn Jahren in Deutschland. Wie immer frage ich meine Gesprächspartnerin zunächst danach, wie ihre eigene Kindheit war. Während die meisten Frauen an dieser Stelle mit »schön« antworten, zögert Daria ein wenig.

»Meine Eltern haben uns nicht sehr viel Liebe und Zärtlichkeit gegeben. Sie waren nur immer mit dem Hof beschäftigt. Gespielt haben sie mit uns Kindern kaum. So waren unsere Beziehungen, wie soll ich sagen, zwar nicht schlecht, aber auch nicht wirklich herzlich.«

Dabei klingt das Leben auf dem Land, das sie mir beschreibt, zunächst recht idyllisch: »Auf dem Bauernhof gab es immer viel zu tun, es gab Hühner zu füttern, Löwenzahn für die Hasen zu pflücken, Kartoffeln zu ernten. Wir waren viel im Freien und haben den Eltern jeden Tag geholfen.«

Doch was so schön klingt, war nicht immer harmonisch.

»Die Arbeit stand immer im Vordergrund. Ich und meine vier Schwestern hatten dadurch wenig Zeit für die Schule, was nicht so gut war«, sagt Daria und lacht.

So viele Geschwister zu haben hat sie dagegen als etwas sehr Schönes empfunden. »Wir haben zusammengehalten und uns gegenseitig unterstützt, auch wenn sich die Jüngeren manchmal mit den Älteren gezankt haben.«

Sie – als mittleres Kind – habe in diesen Fällen oft die Vermittlerrolle eingenommen. »Mein Job war und ist es immer noch, zwischen den beiden Parteien zu vermitteln.«

Oft sei, so Daria, das Problem der mangelnde Respekt, den die Jüngeren den Älteren entgegenbrächten. »Ich sage dann immer: Auch wenn sie unrecht hat, du musst dich deiner älteren Schwester gegenüber respektvoll verhalten. So ist das nun mal.«

Dass es zwischen jüngeren und älteren Geschwistern auch Probleme gibt, ist wohl allen klar, die selbst Geschwister oder mehr als ein Kind haben. Während sich die älteren Kinder entthront und benachteiligt fühlen, wachsen die jüngeren mit einem manchmal als erdrückend empfundenen Vorbild auf. Und doch haben Geschwister gegenüber Einzelkindern – das ist zumindest das Ergebnis einer großen Studie von Sozialpsychologen der Universitäten Ulster und De Montfort – einen großen Vorteil: Schon früh üben sie sich darin, Konflikte auszuhalten und zu regeln. Wer Streitigkeiten und emotionalen Stress mit den Geschwistern meistert, erwirbt eine große soziale und emotionale Kompetenz. Insgesamt, so die Forscher, seien Geschwisterkinder daher emotional ausgeglichener und optimistischer als Einzelkinder.

Heute managt Daria erfolgreich eine Agentur, in der sie Pflege- und Reinigungskräfte vermittelt – ein Job, den man in der Tat ohne emotionale und soziale Kompetenz nicht meistern könnte. Dass in vielen Familien manchmal so stark gestritten werde, dass Kinder mit Eltern oder Geschwister untereinander nicht mehr reden würden, findet sie schrecklich.

Das größte Problem in Darias Familie war jedoch nicht der Streit, sondern die Tatsache, dass ihre Eltern emotional unter-

kühlt waren. Nie hätten sie, so Daria, mit ihren Kindern gespielt oder Zeit mit ihnen verbracht. So wollte sie mit ihren
eigenen Kindern auf keinen Fall umgehen.

»Man muss nicht alles so machen wie die eigenen Eltern.
Man kann sich bewusst dafür entscheiden, Dinge anders zu
machen. Als ich einen Sohn bekam, war mir ganz klar, dass
ich ihn anders erziehen wollte, als meine Eltern mich erzogen
haben, und das habe ich auch. Ich habe immer viel mit ihm
gespielt und hatte viel Körperkontakt mit ihm.«

Heute ist er fünfzehn und »voll in der Pubertät«, wie sie
sagt. Dass er jetzt auf einmal alles alleine oder mit seinen Freunden machen möchte, war da erst einmal ein Schock. »Er sperrt
sich in sein Zimmer ein, spielt Videospiele und trifft sich mit
Freunden, anstatt für die Schule zu lernen – entsprechend
schlecht sind seine Noten geworden. Und das, obwohl er immer sehr gut in der Schule war und immer viel gelesen hat.«

»Wie gehst du damit um? Gibt es Strafen? Konsequenzen?
Ausgehverbote?«

Daria lacht. »Nein. Ich versuche vielmehr, mit ihm zu reden.
Drohen und strafen? Das ist nicht mein Ding. Wann immer
ich das getan habe, habe ich mich hinterher schlecht gefühlt
und er übrigens auch. Ich glaube daran, dass immer ein gutes
Gefühl zwischen Eltern und Kindern herrschen muss. Ich bin
eben sehr emotional, und so erziehe ich mein Kind auch.«

Daria gesteht, dass sie sich mit ihrer »emotionalen Erziehung« hier in Deutschland manchmal etwas fremd fühlt. »In
Polen nicht, dort zeigen die Mütter ihre Gefühle und zwar die
ganze Palette. Wenn ich enttäuscht bin oder traurig, dann
weine ich eben auch vor meinem Sohn. Warum soll ich mich
verstellen? Dann sieht er auch, was das, was er sagt oder tut, in
mir auslöst.«

Dennoch bemüht sich Daria immer darum, Verständnis für ihren Sohn zu haben, besonders jetzt, da er in dieser schwierigen Phase ist. »Es ist schließlich auch nicht seine Schuld, wenn er von Hormonen und was weiß ich welchen Veränderungen im Kopf überrollt wird. Das darf man nicht vergessen.«

In der Tat haben Wissenschaftler herausgefunden, dass der sogenannte »präfrontale Cortex«, also der Teil im Gehirn, der dafür sorgt, dass Menschen in der Lage sind, ihr Leben zu strukturieren und Entscheidungen zu treffen und dabei zu bleiben, erst mit Mitte zwanzig voll entwickelt ist. Solange das Vorderhirn nicht ausgereift ist, haben die Gefühle den Vorrang. Auch das sogenannte »Belohnungsareal« ist im Hirn von Jugendlichen aktiver als bei anderen Menschen, was bedeutet, dass sie stärker auf äußere Reize reagieren und daher auch stärker auf Anerkennung durch ihre *Peergroup*, also gleichgesinnte Jugendliche, reagieren.

»Ich denke, das Wichtigste ist in der Pubertät, dass der Gesprächsfaden nicht abreißt, dass man sich nicht entfremdet und sich weiter vertrauen kann. Gewiss, er ist nicht mehr ständig bei mir, wie als er noch ein Kind war, trotzdem kommt er weiterhin zu mir und spricht mit mir, allerdings nur wenn der Zeitpunkt für ihn richtig ist. Dann heißt es, offen und bereit zu sein.«

Seit zwei Jahren lebt Daria mit ihrem neuen Freund zusammen. Dieser hat selbst einen Sohn im Alter ihres Sohnes.

»Und wie klappt das?«, will ich wissen.

Daria lacht wieder. »Zu Beginn war es nicht ganz einfach. Vor allem zwischen den beiden herrschte viel Eifersucht, bis wir uns alle zusammengesetzt und gesagt haben: ›So, jetzt hört mal alle her. Wir sind jetzt eine gemeinsame Familie und jeder ist gleich wichtig!‹ Nachdem das geklärt war, haben wir uns darangemacht, gemeinsame Regeln aufzustellen.«

Gemeinsame Regeln zu etablieren gehört zu einer der »Goldenen Regeln für Patchworkfamilien«, die das Autorenpaar Roman Leuthner und Mila Golubtsova in seinem Buch *Deine Kinder – meine Kinder*[27] aufgestellt hat. Sie empfehlen dem neuen Paar zwar eine große Toleranz gegenüber anderen Gewohnheiten zu entwickeln, andererseits aber auch feste Regeln wie etwa Respekt, Höflichkeit, Rücksichtnahme und Eigeninitiative bei der Mithilfe im Haushalt zu etablieren, da nur so ein gutes Zusammenleben möglich wird.

Heute sei es so, sagt Daria lachend, dass sich die beiden Kinder gemeinsam gegen die Eltern verbünden würden. Überhaupt würden sie viel voneinander profitieren. So nehme sich ihr Sohn, der recht unsportlich sei, ein Beispiel an seinem Stiefbruder und mache öfter Sport mit ihm, der andere würde dafür seinen Freundeskreis mit seinem Stiefbruder teilen.

Ich frage Daria danach, wie es so ist, Stiefmutter zu sein.

»Es ist nicht leicht. Aber mit der Zeit lernt man dazu.«

»Wie gehst du mit deiner Rolle als Stiefmutter um?«, will ich wissen.

»Nun«, sagt Daria. »Ich bin sehr vorsichtig. Immerhin hat mein Stiefsohn ja schon eine Mutter – auch wenn sie sich wenig um ihn kümmert –, weshalb er jetzt ja auch bei uns wohnt.«

»Was heißt das konkret?«, will ich wissen.

»Das heißt, dass ich immer nur so viel Mutter bin, wie er will. Das heißt, ich bin da, wenn er mich braucht, aber ich dränge mich nicht auf. Auch wenn seine Mutter alles andere als perfekt ist – sie ist und bleibt seine Mutter. Ich halte mich in der Erziehung zurück. Mir gefällt nicht alles, was ich sehe, aber ich sage dazu nicht immer etwas. Das ist die Rolle, die dann sein Vater übernehmen muss.«

Stiefmutter zu sein ist keine einfache Situation. In ihrem

Artikel »10 brutale Wahrheiten über das Leben als Stief-mutter«, erschienen in der Huffington Post vom 27.9.2012, be-schreibt die US-Amerikanerin Lindsay Ferrier (natürlich selbst eine Stiefmutter), wie schwierig es ist, in einer Patchworkfami-lie zu leben. Ihre Tipps an Stiefmütter lauten folgendermaßen:

1. Vergib dir selbst und mach dich nicht für Dinge verantwort-lich, für die du nicht verantwortlich bist.
2. Ziehe die Probleme mit den Kindern nicht in die Ehe mit hinein.
3. Mache keine Schuldzuweisungen.
4. Halte dich in der Erziehung deiner Stiefkinder zurück.

Wenn man sich an diese Tipps halte, so die Autorin, würde man als besserer Mensch aus der ganzen Sache herauskom-men.

Diesen Tipps kann Daria zum Schluss noch einen weiteren hinzufügen: »Wenn ein Stiefkind mal patzig oder unhöflich ist, dann sollte man immer daran denken, dass es weniger mit einem selbst, sondern mehr mit der Rolle als Stiefmutter zu tun hat.«

Emotionale Reaktionen der Kinder nicht persönlich zu nehmen ist wohl in vielen Situationen ein guter Tipp. Einer, der nicht nur auf Stiefmütter zutrifft. Und so ist die Kunst, gelassen zu bleiben, vielleicht der wichtigste Tipp, den man als Eltern beherzigen kann.

## Darias Erziehungstipps:

1. Wenn du eine Patchworkfamilie hast, mach allen Beteiligten klar, dass hier eine neue Art von Familie entstanden ist, die zusammengehört und ihre eigenen Regeln braucht, an die sich auch alle halten müssen.
2. Hab Verständnis für deine pubertierenden Kinder und denk daran: Ihr Hirn befindet sich bis zum einundzwanzigsten Lebensjahr im Umbau!
3. Nimm emotionale Reaktionen deiner Kinder (und Stiefkinder) nicht persönlich!

## 32 Jennifer aus den USA, oder: Vom buddhistischen Umgang mit muffigen Teenagern

Ich treffe Jennifer in einem schicken Café in München, wo wir einen sehr leckeren »Superfood«-Salat bestellt haben. Jennifer ist schon seit zwanzig Jahren in Deutschland. Ihre Kindheit hat die Künstlerin in einer Kleinstadt in Florida verbracht.

»Wie war deine Kindheit?«, frage ich Jennifer. Sie strahlt.

»Wunderbar. Ich lief die ganze Zeit barfuß herum. Oder war im Meer. Oder auf meinem Skateboard. Oder beim Fischen. Ich war eine großartige Fischerin.«

Jennifer lacht. Ihre Mutter war ebenfalls Künstlerin. »Und meine Großmutter auch. Ich war umgeben von Kunst und umgeben von Dingen, mit denen man Kunst herstellen konnte. Papier, Stifte, Ölfarben, Kreiden. Genauso halte ich es auch mit meinen Kindern. Sobald sie einen Stift halten konnten, ach, was sage ich, auch als sie ihn noch nicht halten konnten, habe ich sie ermutigt, zu malen. Alles, was man braucht, ist eine geeignete Umgebung, Zeit und ein paar Materialien, der Rest ergibt sich von selbst.«

Jennifer hat drei Kinder. Eine erwachsene Tochter, einen Jungen im Alter von siebzehn Jahren und eine Tochter im Alter von zehn.

Als ihre ersten beiden Kinder noch klein waren, hat sie Kindern aus der Umgebung einmal in der Woche Kunstunterricht erteilt. »Das war eine tolle Sache, weil da meine Kinder auch gleich mitgemacht haben.«

»Wie bist du vorgegangen?«, will ich von ihr wissen. »Hast du ihnen bei deinen Kunstkursen einfach freien Lauf gelassen?«

»O nein«, sagt Jennifer und schüttelt ihre lange blonde Mähne. »Kinder lieben Anweisungen, vor allem solche, die sie anregen und inspirieren. Ich gab ihnen also Themen wie: ›Heute malen wir den sagenumwobenen Tatzelwurm‹, oder: ›Was haltet ihr davon, heute euer ideales Haus zu malen?‹ Sie haben dann losgelegt, und ich habe sie bei dem, was sie machen wollten, unterstützt.«

»Und wie lief der Malkurs?«, will ich wissen. »War er ein Erfolg?«

Jennifer lacht. »O ja, und was für einer! Den Kindern hat es wahnsinnigen Spaß gemacht. Und sie waren richtig stolz auf sich. Natürlich gibt es da auch Tricks, die man beachten muss, um sie nicht zu entmutigen.«

»Und welche wären das?«

»Zum Beispiel den, die Latte nicht zu hoch zu hängen. Das geht zum Beispiel allein durch die Auswahl der Farben und Materialien. Die sollten so ausgewählt sein, dass sie damit gar nicht so richtig scheitern können. Zum Beispiel wenn man ihnen zwei Farben gibt, die einfach toll zusammen aussehen, oder wenn man ihnen Glitzer gibt. Glitzer ist toll! Erfolgserlebnisse sind bei so einer Sache sehr wichtig. Das Gefühl, dass man etwas Schönes geschaffen hat, beflügelt die Kinder. Deshalb habe ich auch viele Werke meiner Kinder an meinem Kühlschrank aufgehängt. Damit jeder sie sehen und bewundern kann!«

Jennifer ist davon überzeugt, dass es wichtig ist, viel mit Kindern zu lachen, auch oder gerade dann, wenn man ihnen etwas beibringen will.

»Ich habe mal gelesen, dass eine Studie gezeigt hat, dass sich das Gehirn fünfundzwanzig Prozent mehr merkt, wenn Kinder mit Freude lernen.«

»Warum glaubst du, ist es für Kinder wichtig zu malen?«, frage ich.

»Es gibt viele Gründe«, sagt Jennifer. »Es fördert ihr räumliches Denken, sie lernen, genau zu beobachten, sie üben sich darin, das, was sie in einer dreidimensionalen Welt wahrnehmen, auf eine zweidimensionale zu übertragen, und sie werden dazu ermutigt, außerhalb gewohnter Bahnen zu denken. Man kann sich selbst nämlich nur dann finden, wenn man die Welt um sich herum auch richtig wahrnimmt.«

Ein schöner Satz, denke ich. Einer, der im Grunde die Essenz der zenbuddhistischen Philosophie zum Ausdruck bringt, die dafür plädiert, der Welt achtsam zu begegnen und stets danach zu streben, sie in ihrer Gänze wahrzunehmen, um sich selbst besser darin zu entfalten.

Buddhistische Lehren ganz bewusst für die Erziehung fruchtbar zu machen ist das Ziel der Amerikanerin Sarah Napthali, die in ihrem Buch *Der kleine buddhistische Erziehungsberater*[28] für mehr Achtsamkeit im Umgang mit Kindern und für mehr Mitgefühl für Kinder (und für sich selbst) plädiert. Napthali betont, wie wichtig es ist, seine eigenen Hoffnungen, Ängste und Erwartungen nicht auf die Kinder zu projizieren. Um solchen Projektionen entgegenzuwirken, reiche es aus, achtsam mit den Kindern umzugehen. Nur so könne man sie in ihrem wirklichen Wesen wahrnehmen.

Ich denke daran, wie oft ich mit den Kindern irgendwelche

Aufgaben oder Pläne durchgehe, anstatt sie wirklich wahrzunehmen. Wäre es nicht sinnvoll, ihnen stattdessen nur einfach zuzuhören, ohne etwas zu verlangen oder zu planen? Ich erinnere mich an letzte Woche, als ich mit meiner jüngsten Tochter ins Café gegangen bin, um mit ihr ein Stück Kuchen zu essen. Dieser Moment war so schön, weil es ein Moment war, in dem wir einfach nur dasaßen und uns gegenseitig zuhörten.

»Was ist dir als Mutter besonders wichtig? Was möchtest du deinen Kindern mitgeben?«

Jennifer überlegt kurz. »Ich denke, da gibt es vor allem eines, und das ist Mitgefühl. Wenn du Mitgefühl hast, dann nimmst du auf andere Rücksicht und hilfst den Schwächeren. Aber so etwas entsteht nur, indem du es selber vorlebst. Vor allem darfst du dein Kind, wenn es mal egoistisch ist, nicht ausschimpfen. Es muss auf sanftem Weg geschehen.«

Auch das erinnert an die buddhistische Lehre, für die Mitgefühl ein zentraler Wert ist.

»Ich finde es wichtig, Kinder zu ermutigen, auch Verantwortung für andere zu übernehmen. Das Schöne dabei ist, dass man dabei gar nicht weit schauen muss, um etwas Geeignetes zu finden. Es gibt ja so wunderbare Angebote, die von den Schulen gemacht werden. Das reicht vom Klassensprecher über den Job des Tutors für die jüngeren Schüler bis hin zum Schulsanitäter. Die sollte man unbedingt annehmen.«

Was Schulen betrifft, hat Jennifer vielfältige Erfahrungen. So waren ihre Kinder in den ersten Jahren alle in Montessori-Kindergärten und -Grundschulen, später wechselten sie dann auf städtische Schulen. »Zu Beginn war es eher Zufall. Der Montessori-Kindergarten war einfach der nächstgelegene Kindergarten. Außerdem mochte ich die Materialien, die sie hatten. Erst später habe ich mich mit der Montessori-Pädagogik befasst und gesehen, dass sie in vielem dem entspricht, woran ich auch glaube.«

Eine Erziehung nach Maria Montessoris pädagogischen Erkenntnissen stellt vor allem das selbstständig lernende Kind in den Mittelpunkt. »Hilf mir, es selbst zu tun« lautet der berühmt gewordene Leitspruch der Montessori-Pädagogik. Ohne Kritik und Bewertung von außen sollen Kinder dazu ermutigt werden, aus eigener Motivation heraus zu lernen. Auch die Freude am Lernen wird von Montessori-Pädagogen immer wieder betont. Dass es keine Noten, keinen Druck und keine feste Arbeitsstruktur gibt, ist nicht für alle Kinder geeignet. So sei ihre eigene Tochter nach der dritten Klasse auf eine staatliche Schule gewechselt. Die Umstellung sei nicht ganz leicht gewesen, aber eine feste Struktur zu haben und regelmäßig Hausaufgaben machen zu müssen sei etwas, das ihr sehr entgegenkam.

Jennifers älteste Tochter war später auf einem Gymnasium, das Zusatzangebote für Hochbegabte hatte. »Wenn man ein hochbegabtes Kind hat, will man natürlich, dass sich seine Begabung gut entfalten kann und das Kind ausgelastet ist. Andererseits will man auch, dass es nicht irgendwie abgeschottet aufwächst. Mit diesen speziellen Zusatzklassen ist genau das möglich. Da gehen die Kinder auf ein ganz normales Gymnasium, haben aber zusätzlich noch Spezialklassen. Ich finde das eine hervorragende Lösung, denn auf diese Weise konnte sie weiter in eine normale Schule gehen, ohne auf spezielle Förderung zu verzichten.«

Unterdessen hat ihre Tochter zwei Studienfächer erfolgreich abgeschlossen. Bei ihr fällt Hochbegabung mit Hochleistung zusammen – eine Kombination, die nicht auf alle hochbegabten Kinder zutrifft.

»Mir war einerseits wichtig, dass sie ihre Begabungen aus-leben kann, andererseits wollte ich auch, dass sie die Erfahrung macht, wie es ist, nicht immer zu den Besten zu gehören. So habe ich sie in ein Hockeyteam gesteckt, wo sie einfach ein Mädchen von vielen anderen war, die auch gut waren. Das andere, was ich immer gemacht habe, war, sie nicht für ihre Begabung zu loben, für die sie ja nichts kann, sondern für ihre Anstrengung. Aber vielleicht ist das etwas, was man nicht nur mit Hochbegabten tun sollte, sondern mit allen Kindern.«

»Wie ist das mit deinem Sohn, der jetzt in der Pubertät ist? Gibt es da Konflikte? Und wie gehst du damit um?«, will ich wissen.

Jennifer zuckt mit den Schultern. Wenn ihr Sohn muffig die Treppen herunterkommt, dann sei ihre Reaktion: Einfach ignorieren, in einer Stunde wird es ihm schon besser gehen. »Kinder haben schließlich auch ein Recht darauf, mal launisch, ungeduldig oder traurig zu sein. Man muss darauf nicht immer reagieren.«

Auch das klingt wieder einmal nach einer ziemlich buddhis-tischen Haltung.

»Wenn du wütend oder aufgewühlt bist, kannst du die Auf-merksamkeit auf deine Körperwahrnehmungen richten, auf das, was du spürst – in deinem Magen, auf die Enge in deinem Hals, darauf, ob dein Brustkorb sich eingeengt fühlt. Du kannst sogar beobachten, dass da eine Menge Wut aufkommt. Es ist ein Unterschied, ob man ein Gefühl beobachtet und beschreibt oder ob man danach handelt«, schreibt Sarah Napthali dazu in ihrem Erziehungsratgeber.

Ich will von Jennifer wissen, ob sie schon immer so weise gewesen ist. Sie lacht auf. »O Gott, nein, ganz und gar nicht. Was hatte ich mit meiner ältesten Tochter für Kämpfe! Aber mittlerweile sehe ich, dass ich durch meine Art des Reagierens die Sache nicht wirklich besser gemacht, sondern im Gegenteil manchmal erst richtig verschlechtert habe. Wenn ich im Laufe meiner Mutterschaft eines gelernt habe, dann ist es, muffige Teenager einfach in Ruhe zu lassen.«

Wichtiger und vor allem hilfreicher als Grundsatzdebatten sei es, in solchen Fällen einfach für ein warmes Lieblingsessen und eine entspannte Stimmung zu sorgen. Auch wenn die Kinder traurig seien. Sie zu konfrontieren und um jeden Preis aus ihnen herausquetschen zu wollen, warum sie sich so fühlen, sei kontraproduktiv. Man müsse sie einfach kommen lassen. Besonders empfehlenswert seien da Gespräche im Auto. »Da muss man sich nicht in die Augen blicken. Das ist für die Kinder weniger bedrohlich. Auf diese Weise kann man empfindliche Dinge ganz ungezwungen besprechen.«

## Jennifers Erziehungstipps

1. Ermutige deine Kinder, ihre Umwelt genau wahrzunehmen und das, was sie sehen und fühlen, zu malen.
2. Denk daran: Teenager haben ein Recht darauf, auch mal muffig zu sein. Reagiere entweder gelassen oder am besten gar nicht darauf.
3. Wenn du ein hochbegabtes Kind hast, achte darauf, dass es seine Begabung ausleben kann und trotzdem in seiner Umgebung integriert bleibt.

# 33 Elea aus Israel, oder:
## Von der Kunst, Kinder loszulassen

Ich treffe Elea in einem kleinen Café, in dem es den besten Cappuccino der Stadt gibt. Sie ist in Israel geboren, aufgewachsen ist sie aber hier in Deutschland. Als Tochter von KZ-Überlebenden war ihre Kindheit nie wirklich unbeschwert und mit Schuldgefühlen belastet.

Aus der Forschung ist bekannt, dass KZ-Überlebende ihr Trauma unbewusst an ihre Kinder weitergeben, die infolge dessen an Ängsten und Depressionen leiden.

»Ich wollte das meinen eigenen Kindern ersparen. Ich wollte nicht, dass sie mit dieser Last groß werden. Ich wollte, dass meine Kinder frei und unbeschwert aufwachsen«, erzählt mir Elea. »Das ist in München auf jeden Fall möglich – was aber nicht heißen soll, dass man nicht auch in meiner Heimatstadt Tel Aviv ein Gefühl von Freiheit verspüren kann.«

Ich sehe sie ungläubig an. Nach all den Nachrichten, die man über Bombenanschläge hört, ist es schwer, sich eine israelische Stadt als unbeschwert und frei vorzustellen. Und doch sei es so, beteuert Elea.

»Tel Aviv ist ein gigantischer Melting Pot. Es leben dort orthodoxe Juden, liberale Juden, gläubige schwule Pärchen mit adoptierten Kindern, es gibt dort einfach alles ... Dass auch dort die permanente Angst herrscht, demnächst einem Bombenangriff zum Opfer zu fallen, tut der positiven Stimmung keinen Abbruch. Im Gegenteil. Ich glaube, dass wohl gerade diese Angst, oder sagen wir besser die Verdrängung dieser Angst, die Erklärung für die unbändige Lust am Leben ist, die diese Stadt prägt.«

Was Elea ebenso an Israel schätzt, ist die Emanzipiertheit der Frauen. »Ein hoher Prozentsatz an Frauen arbeitet, sie gehen alle zum Militär so wie die Männer und führen unter Umständen ein ganzes Heer an.«

Elea erzählt mir, wie sie zu Beginn versucht hat, ihre Tochter nicht zum typischen Mädchen zu erziehen, und ihr statt rosa Kleidchen nur dunkelblaue oder schwarze Kleidung gekauft habe. »Allerdings ist der Schuss total nach hinten losgegangen«, sagt Elea. »Sie hat so sehr nach typischen Mädchensachen verlangt, dass ich irgendwann klein beigegeben habe. Sie lief dann eine Zeit lang nur in knallig rosafarbenen Tutus herum.« Elea lacht. »Zum Glück war mein Sohn da weniger stereotyp. Er mochte zwar gerne Bagger und Autos, hat aber auch gerne mit Puppen gespielt und in der Kochnische so getan, als würde er kochen. Das fand ich gut!«

Elea erzählt, dass es ihr sehr wichtig ist, dass ihre Tochter eine gute Ausbildung hat, die es ihr erlaubt, unabhängig und selbstbestimmt zu leben. Als ich sie frage, worauf sie bei ihrer Erziehung noch Wert legt, sagt sie, ohne zu zögern: »Dass die Kinder keinerlei rassistische Neigungen haben. Sie dürfen auch mal jemanden nicht mögen, aber nicht, weil er eine andere Hautfarbe oder Augenform hat.«

Dies war auch der Grund, warum sie für ihre Kinder eine internationale Schule ausgesucht hat, wo sie tagtäglich Menschen aus anderen Kulturen begegnen. Wichtig war ihr auch, den Kindern bewusst zu machen, wie gut sie es haben.

»Wie schaffst du das, dieses Bewusstsein zu verankern?«, will ich wissen.

»Nun, es ihnen einfach zu sagen nützt natürlich nichts. Sie müssen es sehen. In der Schule meiner Tochter gab es da in dieser Hinsicht ein tolles Schulprojekt. Alle Schüler haben gemeinsam an einem riesigen Plakat gearbeitet, auf dem die Weltkarte zu sehen war. Auf diese Karte haben sie jede Menge Post-it-Zettel verteilt. Auf denen konnte man nun lesen, wie viel Prozent der Menschen ein Dach über dem Kopf haben, wie viele fließendes Wasser, wie viele genügend zu essen und zu trinken haben und wie viele Kinder die Schule besuchen dürfen. Dazu gab es auch Fotos, um das Ganze möglichst anschaulich zu machen. Das Plakat hing lange in der Eingangshalle der Schule, sodass die Kinder nicht anders konnten, als sich damit auseinanderzusetzen.«

Ich nicke, dann frage ich Elea, wie es ist, zwei große Kinder zu haben. Schließlich ist ihr Sohn mittlerweile siebzehn, ihre Tochter vierundzwanzig.

»Das bedeutet vor allem, dass ich schon zwei Pubertäten durchgemacht und überlebt habe«, sagt Elea und lacht.

»Und? Was ist das Geheimnis des Überlebens?«, will ich wissen.

»Nun, ganz ehrlich, diese Zeit war für mich die größte Herausforderung in meinem Leben. Und zwar, weil ich lernen musste, loszulassen. Ich musste mich so sehr zusammenreißen, die Kinder in dieser Zeit nicht ständig zu kritisieren oder das, was sie tun, zu kommentieren. Aber ich wusste einfach: Auch wenn es schmerzt, sie müssen ihre eigenen Fehler machen dürfen.« Vor dem Hintergrund ihres kulturellen Erbes sei ihr dieses Loslassen besonders schwergefallen. »Man kennt ja das Klischee der jüdischen Mama, die ihre Kinder überbetüddelt, ihnen hinterhertelefoniert und sie nicht erwachsen werden lässt. Leider ist es zum Teil ziemlich wahr!«

Einen großen Anteil an der Verbreitung dieses Stereotyps hatte der Bestseller *How to be a Jewish mother* von Dan Greenburg aus dem Jahr 1964. Und wer erinnert sich nicht an Woody Allens Übermutter, die in *New York Stories* plötzlich als eine Art überdimensionierter Gott am New Yorker Himmel schwebt, um ihrem Sohn vor der gesamten New Yorker Bevölkerung zu sagen, dass er nicht heiraten soll, frei nach dem jüdischen Sprichwort: »Gott kann nicht überall sein, deshalb schuf er Mütter.«

»Allerdings denke ich, dass die überbetüddelnde Mutter nicht nur ein israelisches oder jüdisches Phänomen ist«, sagt Elea. »Es entspringt eher einer mediterranen Tradition, man denke doch nur an die italienischen Mamas. Trotzdem habe ich mich immer bemüht, die Kinder nicht ständig zu kontrollieren, obwohl mir das beim besten Willen nicht immer gelungen ist. Aber ich denke, es gehört auch zum Muttersein dazu, an bestimmten Dingen zu scheitern. Es gibt weder perfekte Mütter noch perfekte Kinder, und das ist auch gut so. Eine andere Sache ist, dass man als Mutter nicht nur lernen muss, loszulassen, sondern auch, davon abzusehen, eigene unerfüllte Wünsche oder Hoffnungen auf die Kinder zu projizieren. Ich nenne es das ›Ballettmuttersyndrom‹.«

Als ihre Tochter recht professionell Ballett tanzte, sah sie viele von diesen Müttern, die wohl selbst einmal davon geträumt hatten, große Ballerinas zu werden, und die nun ihre Töchter dazu zwangen, ihren Traum quasi stellvertretend für sie auszuleben. Zum Glück hat ihre Tochter selbst beschlossen, mit dem Tanzen aufzuhören, weil der Druck zu groß wurde. Druck sei überhaupt ein großes Problem für Kinder, sagt Elea. 231

»Die Eltern, die Umwelt, die Gesellschaft, alle wollen immer, dass die Kinder sich zu diesen Superoptimierern entwickeln. Dabei ist doch das Wichtigste, ein zufriedenes und erfülltes Leben zu führen, oder nicht?«

Ich frage Elea, ob sie in ihrem Leben als Mutter je ein Vorbild hatte oder ob es ein Buch gab, das ihr einmal geholfen hat. Sie überlegt kurz.

»Ich sag dir, was mir einmal sehr geholfen hat. Während der Pubertät meiner Tochter traf ich einmal zufällig unseren Kinderarzt auf der Straße. Er fragte mich, wie es mir ginge, und ich beschwerte mich darüber, dass meine Tochter mich wieder einmal schlecht behandelt hatte. Er rückte seine Brille zurecht und fragte: ›Und? Haben Sie es persönlich genommen?‹ Ich antwortete: ›Ja, natürlich!‹ Er sagte daraufhin: ›Genau das ist das Problem!‹ Ich fühlte mich in diesem Moment so ertappt. Und das, was er sagte, war gleichzeitig so wahr! Ich habe diesen Satz nie vergessen und mich immer wieder bemüht, es nicht persönlich zu nehmen, wenn meine Tochter aufgrund ihrer eigenen Probleme mal nicht besonders menschenfreundlich unterwegs war.«

Im Moment steht Elea vor einer ganz anderen Herausforderung, nämlich bald ohne Kinder und damit ohne ihre Aufgabe als Mutter zu leben. »In meinen früheren Job als Designerin kann ich nicht zurück – andererseits ist es auch ein wenig zu früh, um in Rente zu gehen. Ehrlich gesagt weiß ich noch nicht, wie es weitergeht.« Elea zuckt mit den Schultern. »Das ist wohl so ein Frauending, oder besser gesagt ein Mutterding, das wohl viele Frauen nach dem Auszug der Kinder plagt. Ich denke, man muss sich damit auseinandersetzen und seine eigenen Bedürfnisse ernst nehmen.«

Dieses »Mutterding«, von dem Elea spricht, hat in der Forschung einen Namen: das »Empty Nest«-Syndrom. Es dauert, wie die US-amerikanische Forscherin Elizabeth Bates heraus- fand, etwa eineinhalb Jahre. In dieser Zeit kommen viele Fragen auf: Fragen nach dem Sinn des Lebens, nach dem Umgang mit dem Älterwerden und danach, wie man eine neue Balance in seinem Leben finden kann. Vor allem aber steht die Beziehung der Elternteile zueinander vor einer Herausforderung. Manche Paare genießen die neue Freiheit und rücken näher zusammen, wohingegen andere erst wieder zueinanderfinden müssen.

Hierzu gibt es übrigens einen schönen jüdischen Witz, den mir Elea am Ende unseres Gesprächs noch erzählt: Drei Rab- bis debattieren darüber, wann das Leben beginnt. Der erste meint: »Na, mit der Zeugung des ersten Kindes.« Der zweite sagt: »Unsinn. Erst, wenn das Kind geboren ist, natürlich.« Der dritte schüttelt den Kopf. »Beides falsch«, sagt er. »Das Leben beginnt erst, wenn die Kinder aus dem Haus sind und der Hund tot ist.«

## Eleas Erziehungstipps

1. Lerne loszulassen, auch wenn es dir schwerfällt – deine Kinder werden ihre eigenen Fehler machen.
2. Nimm nicht alles, was deine Kinder dir sagen, persön- lich.
3. Wenn es so weit ist, dass deine Kinder aus dem Haus gehen, dann denk dran: Das Leben beginnt erst, wenn die Kinder aus dem Haus sind und der Hund tot ist!

## Schlusswort

Ich möchte dieses Buch mit einer humoristischen Note beenden. Und zwar mit einer Geschichte, die deutlich macht, dass ein Misserfolg genauso zum Elternsein dazugehört wie ein Erfolg. Oder wie Elea so schön sagte: »Scheitern gehört zum Muttersein dazu!«

Juliette kommt nach Hause.

»Ich will Tee«, sagt sie und schmeißt ihren Rucksack in die Ecke.

Das Kind will Tee!, denke ich und zittere vor Glück. Juliette ist fünfzehn. Wenn sie aus der Schule kommt, geht sie gewöhnlich geradewegs in ihr Zimmer und wird nicht mehr gesehen. Doch heute ist alles anders. Das Kind. Will. Tee. Von mir.

»Kannst du auch Zitrone reintun?«, fragt Juliette.

Ich jubiliere. Das war ein ganzer Satz. Mit Subjekt, Prädikat und Objekt. Großartig!

»Die Isabel«, sagt Juliette und sieht mich dabei an. »Die Isabel ... die ist soooo blöd.«

Strahlend gehe ich in die Küche, hole eine Tasse und setze das Wasser auf.

»Die Isabel? Wieso denn?«, frage ich. »Erzähl mal.«

Juliette sieht mich misstrauisch an.

Laut Thomas Gordon, dem Erfinder der sogenannten »Familienkonferenz«, dessen gleichnamiges Buch ich mir gekauft habe, als Bärbel in die Pubertät kam, darf man für eine erfolgreiche Kommunikation mit seinem Kind auf keinen Fall Geständnisse einfordern. Statt wertenden Stellungnahmen empfiehlt er, neutral zu bleiben und sich bei Antworten auf »Aha«, Soso« und »Ach ja?« zu beschränken. »Aktives Zuhören« heißt das. Erst dann könne, so Dr. Gordon, Phase zwei eingeleitet werden, also die Phase, in der die Mutter die Gefühle des Kindes widerspiegelt. Etwa so: »Oh, da warst du aber sicherlich verletzt« oder: »Da bist du jetzt bestimmt wütend.« So könne man dem Kind dabei helfen, sich über seine Probleme und seine Emotionen klar zu werden – und das sei in der Kommunikation mit Kindern, die gerade bewegte Zeiten durchmachen und oft verunsichert sind, ungemein wichtig. Schließlich muss man als Mutter in diesen schwierigen Zeiten ein Anker der Stabilität sein.

»Aha«, korrigiere ich mich also schnell, bemüht, dabei einen so neutralen und unwertenden Gesichtsausdruck wie möglich aufzusetzen. Zur Sicherheit setze ich noch schnell ein »Soso« hinterher.

Juliette sieht mich etwas irritiert an und fährt dann fort: »Ich habe der Isabel gesagt, dass die Louise mit den kurzen Haaren wie ein Igel auf Speed aussieht. Und was macht sie? Sagt es der Louise! Jetzt ist die Louise sauer auf mich.«

Ich pruste los. Igel auf Speed. Köstlich. Juliette sieht mich wütend an.

»Ja super, danke für dein Verständnis, Mama.«

Ich schrecke zusammen und setze augenblicklich ein betroffenes Gesicht auf.

»Äh ... hm ... soso«, sage ich.

»Jetzt schau nicht so ... so ein Weltuntergang ist es ja auch nicht.«

Mist, denke ich. Man muss Verständnis haben, darf dabei aber nicht wertend sein. Also ... betroffen ja, aber dabei wertneutral. Klar. Aber wie zum Teufel soll das gehen? Ich hole einen Taschenspiegel heraus, drehe mich etwas abseits und schneide ein paar Grimassen.

»Was zum Teufel machst du da?«, fragt Juliette. »Ich dachte, du willst dich mit mir unterhalten?«

Ich lasse sofort den Spiegel in meine Handtasche fallen.

»Nein! Ich meine, ja! Ich will alles wissen! Alles!«

»Also ausfragen lasse ich mich jetzt nicht.«

»Aber du ... du ... wolltest mir doch was erzählen!«

Verdammt! Eine Du-Botschaft! Wenn es eines gibt, sagt Dr. Gordon, was man nicht tun darf, dann sind es anklagende Du-Botschaften, die Kardinalsünde jeder Kommunikation!

»Äh ... ich meine natürlich, ich ... also ich ... ich wollte ...«

»Du wolltest was?«

»Dir zuhören! Und zwar ganz neutral! Also nicht indifferent, aber neutral, verstehst du, weil ich ein Anker bin, also dein Anker. Und deine Emotionen widerspiegeln möchte. Wie fühlst du dich eigentlich?«

Juliette sieht mich mit schiefem Kopf an.

»Sag mal, was ist denn dein Problem?«

»Was mein Problem ist?«

Ich sehe Juliette an. Hat Dr. Gordon nicht auch gesagt, dass man ehrlich sein soll?

»Ich sag dir, was mein Problem ist! Ich arbeite, ich koche, ich gehe einkaufen, ich mache mir ständig Gedanken, wie ich alles am besten mache, gut für euch sorge, gut mit euch kommuniziere, euch gut erziehe … und das alles wächst mir einfach über den Kopf! Das ist mein Problem!«

»Aha«, sagt Juliette.

»Ich rackere mich ab, damit ihr zum Tennis kommt, gute Noten habt, höflich und fröhlich seid, ich lese einen Ratgeber nach dem anderen und…«

»Soso.«

»Und … das ist einfach … einfach …«

»Ermüdend?«, fragt Juliette.

»Ja! Ermüdend! Und weißt du, was das Blödeste an der Sache ist?«

»Nein.«

»Das Blödeste ist, dass niemand anders schuld daran ist als ich selbst, weil ich immer alles perfekt machen will!«

»Aha.«

»Und dabei muss man doch eigentlich gar nicht alles immer perfekt machen, oder? Ich meine, wer sagt eigentlich, dass alles perfekt sein muss? Niemand! Nichts muss perfekt sein, gar nichts! Nicht einmal Beziehungen zu pubertierenden Kindern müssen perfekt sein, richtig?«

»Du bist ja richtig wütend auf dich, was?«

»Ja, bin ich! Vor allem aber bin ich auf Dr. Gordon wütend! Ich sage: Zum Teufel mit Dr. Gordon!«, schreie ich.

»Klar«, wiederholt Juliette. »Zum Teufel mit Dr. Gordon!«

Ich hole tief Luft, dann gehe in die Küche und hole den Tee mit der Zitronenscheibe.

»Hier«, sage ich und reiche ihn Juliette.

»Danke.«

»Bitte!«, sage ich. »Es hat gutgetan, dass du dich ausgesprochen hast, oder?«

»Ja, hat es«, sagt Juliette. Sie ist jetzt ganz ruhig und lächelt mich an. Auch wenn sie mich ein klein wenig besorgt ansieht.

Zufrieden gehe ich zurück in die Küche. Wie gut, dass man als Mutter für seine Kinder, die gerade bewegte Zeiten durchmachen und oft verunsichert sind, ein Anker der Stabilität sein kann.

Und so kommt zum Schluss der hundertste Tipp von mir selbst: Lasst uns nicht vergessen, über uns und unsere Fehler zu lachen! Weder wir noch unsere Kinder sind perfekt. Seien wir nicht nur mit unseren Kindern, sondern auch mit uns selbst großmütig.

# Anmerkungen

1 Juul, Jesper. *Das kompetente Kind*. Hamburg: Rororo, 2004.Juul, Jesper. *Elterncoaching: Gelassen erziehen*. Weinheim: Beltz, 2018.

2 Eberhard, David. *Kinder an die Macht. Die monströsen Auswüchse liberaler Erziehung*. München: Kösel, 2015.

3 Juul, Jesper. Pubertät: *Wenn Erziehen nicht mehr geht*. München: Kösel, 2010.

4 Kungfutse – Gespräche (aus dem Chinesischen von Richard Wilhelm) 8. Kapitel Über Kindespflicht, IV: Betragen. Jena: Eugen Diederichs, 2008

5 Chua, Amy. *Mutter des Erfolgs. Wie ich meinen Kindern das Siegen beibrachte*. München: Nagel & Kimche, 2011.

6 Druckerman, Pamela. *Warum französische Kinder keine Nervensägen sind*. München: Goldmann, 2013.

7 Lancy, David. *The Anthropology of Childhood*. New York: Cambridge, 2008.

8 Onken, Julia. *Rabentöchter*. München: C.H. Beck, 2011.

9 Kopp-Wichmann, Roland. *Frauen wollen erwachsene Männer*. Stuttgart: Kreuz Verlag, 2009.

10 John, Bernd: *Der IX. Pädagogische Kongreß im 40. Jahr der Deutschen Demokratischen Republik* – In: *Vergleichende Pädagogik* 25 (1989) 4, S. 353–362 – URN: urn:nbn:de:0111-opus-17118

11 Vinken, Barbara. *Die deutsche Mutter*. Piper: München, 2001.

12 Biddulph, Steve. *Jungen! Wie sie glücklich heranwachsen*. München: Heyne, 2002.

13 *Material Parenting: How the Use of Goods in Parenting Fosters Materialism in the Next Generation*. Marsha Richins und Lan N. Chaplin in *Journal of Consumer Research*, 6 April 2005.

14  Schor, Juliet. *Born to Buy*. New York: Scribner, 2004, S. 19 (Übersetzung von mir).

15  Cross, Gary. *Men to Boys – The Making of Modern Immaturity*. New York: Columbia, 2010.

16  Neill, Alexander. *Summerhill: Theorie und Praxis der antiautoritären Erziehung*. Reinbek: Rororo, 1994.

17  Wulff-Bräutigam, Katharina. *Baghwan, Che und ich. Meine Kindheit in den 70ern*. München: Droemer Verlag, 2013.

18  Küstenmacher, Marion und Werner Tiki. *Mit Kindern einfacher und glücklicher leben*. Frankfurt: Campus, 2004.

19  Sulloway, Frank. *Der Rebell der Familie: Geschwisterrivalität, kreatives Denken und Geschichte*. München: Siedler, 1997.

20  http://www.kindertrauer.info/Kindertrauer/Kindertrauer.html (zuletzt aufgerufen am 15.3.2019)

21  Gebhard, Ulrich. *Kind und Natur*. Wiesbaden: VS Verlag, 1994.

22  Aus dem Interview in der *ZEIT* vom 25.2.2010

23  Römer, Felicitas. *Mama – chill mal!: Pubertät und trotzdem gut drauf*. München: Patmos, 2014.

24  Gummesson, Elizabeth. *Mir reicht's!: So befreist du dich aus Perfektionismus und Burnout*. Weinheim: Beltz, 2012.

25  Tuider, Elisabeth. *Sexualpädagogik der Vielfalt*. Weinheim: Beltz, 2012.

26  Meeker, Meg. *Starke Väter, starke Töchter*. München: mvg-Verlag, 2005.

27  Leuthner, Roman und Golubtsova, Mila. *Meine Kinder – deine Kinder: Wie Patchwork-Familien eine stabile Gemeinschaft werden*. Gütersloh: Gütersloher Verlagshaus, 2007.

28  Napthali, Sarah. *Der kleine buddhistische Erziehungsberater*. München: Knaur, 2013.